GESCHICHTEN AUS Nordfriesland

Herausgegeben
von Peter Nissen

Verlag H. Lühr & Dircks

Wir danken den Rechteinhabern für die
freundliche Genehmigung zum Abdruck der in diesem
Buch enthaltenen Geschichten.

Trotz umfangreicher Bemühungen war die Rechtsnachfolge
bei einigen Autoren nicht feststellbar, so daß die
Abdruckgenehmigung nicht in allen Fällen eingeholt
werden konnte. Die Honoraransprüche der
Rechteinhaber bleiben selbstverständlich gewahrt.

ISBN 3-921416-66-3
(Verlag H. Lühr & Dircks)

Für diese Zusammenstellung:
© Copyright 1995 by Quickborn-Verlag, Hamburg
Umschlagillustration: Peter Butschkow
Umschlaggestaltung: Manfred Waller
Gesamtherstellung: Clausen & Bosse, Leck
*Der Umwelt zuliebe
auf chlorfrei gebleichtem Papier gedruckt*
Printed in Germany

Inhalt

HINRICH MATTHIESEN
Leuchtzeichen 7
JOHANN CHRISTOPH BIERNATZKI
Wattennebel 19
JAMES KRÜSS
Die Geschichte von Jan Janssen
und der schönen Lady Violet 26
INGEBORG ANDRESEN
Niß Prozesser 33
ALBERT PETERSEN
Die große Flut 1634 53
THEODOR STORM
Eisboseln 62
FELIX SCHMEISSER
Friesische Gesichte 72
DETLEV VON LILIENCRON
Auf der Marschinsel 77
JENS JACOB ESCHELS
Auf Walfang nach Grönland 82
UWE HERMS
Auf Eiderstedt 90

Glossar 97
Die Autoren 100
Quellenverzeichnis 102

HINRICH MATTHIESEN

Leuchtzeichen

An einem Sommermorgen um halb vier sagte Ludwig Petersen, Krabbenfischer aus List auf Sylt und manchem seiner Mitbürger nur bekannt unter dem Namen Ludje Garnel, zum Schiffsjungen Jacob: »Es geht nicht gerecht zu auf der Welt! Für uns fängt jetzt die Arbeit an, für andere geht der Tag zu Ende und das womöglich in irgendeiner Kneipe!«

»Hoffenlich bringt es uns wenigstens was!« antwortete Jacob und jumpte auf den Kai, machte die Leinen los. Er sprang zurück an Deck, und kurz darauf tuckerte der Kutter *Antje* aus dem Lister Hafen, nahm erst Kurs Nord, dann Kurs West, schwenkte nochmals ein und fuhr an der Flanke der langgestreckten Insel abwärts.

*

Zur gleichen Zeit saß Lothar Imhoff, ein vierzigjähriger Architekt aus Hamburg, im Westerländer Spielcasino am Roulettetisch. Er spielte schon seit fünf Stunden und hatte ganz unverschämt gewonnen. Er überschlug seinen Gewinn, kam auf runde siebenundzwanzigtausend Mark, setzte noch einmal auf Rot. Wieder hatte er Glück.

Er steckte seinen gesamten Gewinn ein, stand auf und ging mit prall gefüllten Taschen zur Kasse, ließ sich auszahlen, schob die vielen großen Scheine in die Jacke, warf noch einen letzten Blick hinüber zu dem Tisch, der ihm so viel Glück gebracht hatte, und schickte sich an zu gehen.

*

Wenige Meter von dem glücklichen Gewinner entfernt lauerte die Gefahr in Form eines windigen Quartetts. Anfang Zwanzig waren die drei Burschen und die hübsche Marina, die zu ihnen gehörte. Sie trug einen kurzen schwarzen Rock und einen ebenfalls schwarzen, tief ausgeschnittenen Pullover. Die vier hatten, obwohl auch sie sich schon seit mehreren Stunden im Casino aufhielten, kein einziges Mal gespielt, sondern nur mit Luchsaugen das Geschehen an den grünbespannten Tischen verfolgt und sich dann und wann an die Bar gesetzt. Marina allerdings hatte an den Kontrollgängen nicht teilgenommen. Sie war im Hintergrund geblieben. Die vier waren darauf geeicht, statt im Spiel sozusagen im Nachspiel ihren Gewinn zu machen, und das bedeutete: Sie observierten die Casino-Besucher. Die glücklosen interessierten sie nicht, ebensowenig diejenigen, denen Fortuna nur zu einer leichten Aufstockung ihres Budgets verhalf. Nein, sie waren fixiert auf den Glückspilz, den es im Casino immer mal wieder gibt und der eigentlich für seinen Heimweg eine Eskorte braucht. War ein solcher dicker Fisch ausgemacht, trat Marina in Aktion, und genau diese Gelegenheit war jetzt gekommen. Robert, der das Quartett dirigierte, sagte zu ihr:

»Also, Baby, wie immer! Nicht zu direkt! Vielleicht sogar erstmal ein bißchen schnippisch. Na, du weißt schon! Hast du die Lampe?«

»Klar!« Marina klopfte leicht gegen ihre Handtasche und setzte sich in Marsch.

*

Lothar Imhoff hätte die Welt umarmen können, trug er doch etwa das Zehnfache dessen, was er für seinen zweiwöchigen Urlaub an Kosten veranschlagt hatte, bei sich. Nicht das Geringste hatte er für diese große Summe leisten müssen, verdankte sie den launischen Sprüngen einer kleinen elfenbeinernen Kugel und brauchte sie noch nicht mal zu versteuern! Er war kein Spieler, hatte nur in der Casino-Bar einen Drink nehmen und ein bißchen Atmosphäre schnuppern wollen. Doch dann war es ihm zu langweilig geworden, einfach nur dazusitzen, und so hatte er einmal mitgehalten. Und gewonnen. Und wieder mitgehalten. Und wieder gewonnen. Ja, und dann hatte er, weil er das Spiel schnell beenden wollte, die hundert gewonnenen Mark auf die Neunzehn gesetzt, denn der neunzehnte März war sein Geburtstag. Schon im Aufstehen begriffen, hatte er die Ansage des Croupiers gehört, und als er gleich darauf die dreieinhalbtausend Mark kassierte, war ihm das wie ein Signal erschienen, fast so, als hätte ihm jemand zugeraunt: ›Bleib! Es ist dein Tag!‹ Und er war geblieben.

Tief sog er nun die milde Luft der Sommernacht ein. Er faßte an sein Jackett, spürte durch den Stoff hindurch die Scheine, freute sich. Er hatte zwei Straßen überquert, ging an der Alten Post vorbei, erreichte den Parkplatz, hielt auf seinen neun Jahre alten Wagen zu und dachte gerade, daß er ihn nun auswechseln würde, da hörte er hinter sich Schritte, kleine rasche Schritte, unzweifelhaft die einer Frau, und dann sah er sie auch schon. Sie hatte ihn überholt. Obwohl der Platz nur schwach beleuchtet war, konnte er die schönen langen Beine erkennen. Die Frau schien es eilig zu haben. Doch dann, wenige Schritte vor ihm, stolperte sie, schlug hin, stöhnte laut. Lothar Imhoff stürzte auf sie zu, half ihr wieder auf die Beine.

»Haben Sie sich verletzt?« fragte er.

Sie löste sich aus seinem Zugriff, nicht brüsk, aber doch so, daß er wissen mußte, der zwangsläufig entstandene Körperkontakt sei nun nicht mehr vonnöten.

»Haben Sie sich verletzt?« fragte er noch einmal.

»Nein«, antwortete sie, »ich glaube, mir ist nichts passiert.« Sie rieb sich das rechte Knie, versuchte dann ein paar Schritte, knickte dabei leicht ein, gestand schließlich: »Ich müßte mich wohl doch erstmal irgendwo hinsetzen.«

»Das meine ich auch.« Lothar Imhoff nahm ihren Arm und führte sie zu seinem Wagen, öffnete die Beifahrertür, sagte: »Setzen wir uns für einen Moment hinein!« Doch um den Eindruck einer plumpen Annäherung zu vermeiden, fügte er sogleich hinzu: »Sie ruhen sich jetzt eine Weile aus, und dann fahre ich Sie zu Ihrem Quartier. Ihren Wagen können Sie ja morgen holen.«

Sie antwortete nicht, stieg aber ein, und als er neben ihr saß, rieb sie wieder ihr Knie, mit dem auch er sich nun – in einer Mischung aus Anteilnahme und männlicher Neugier – etwas näher befaßte. Er zog sein Taschentuch hervor, drückte es behutsam auf die Stelle, die ihr offensichtlich so wehtat.

»Dabei wollte ich«, sagte sie, »noch ganz schnell ans Wasser fahren, mir den Sonnenaufgang ansehen und Abschied nehmen von dieser schönen Insel. Morgen..., nein, heute ist mein Urlaub zu Ende.«

»Auf den Sonnenaufgang brauchen Sie nicht zu verzichten! Wenn Sie Lust haben und Ihr Knie es erlaubt, können wir ein Stück fahren, uns auf eine Düne setzen und gemeinsam auf die Sonne warten.«

»Nein, das wäre zuviel verlangt. Ich geh' jetzt zu meiner Ente und versuch's einfach mal.« Sie machte Anstalten, auszusteigen, doch schon nach der ersten Bewegung ertönte ein jämmerliches »Au!«

»Sehen Sie? Sonnenaufgang ja, Ente nein!« Er ließ den Motor an, fuhr einfach los. Als der Wagen den Parkplatz verlassen hatte und in die Straße eingebogen war, sagte er: »Ich heiße Imhoff, Lothar Imhoff.«

»Marina«, antwortete sie, und das klang, so schien es ihm, nach weitreichendem Einverständnis.

Sie fuhren nach Norden. Daß ihnen ein Auto folgte, fiel ihm, der inzwischen Feuer gefangen hatte, nicht auf. An einem Ferienort, an dem so leicht die Nacht zum Tag wird, war das auch nichts Besonderes.

Kurz hinter Kampen fuhren sie auf einen Parkplatz, der am Fuß der Dünenkette lag. Sie stiegen aus. Wieder war es eine Geste der Hilfsbereitschaft und zugleich schon eine der Vertrautheit, daß er ihren Arm nahm und sie stützte auf dem Weg über den hölzernen Pfad.

»In ungefähr einer Stunde«, sagte er, »geht die Sonne über dem Wattenmeer auf.« Immer noch hielt er ihren Arm.

Als sie einige Minuten gegangen waren, geschah etwas, was dem einträchtigen Nebeneinander eine jähe Wende gab. Er hatte in dem schwachen Licht der beginnenden Dämmerung links neben dem Pfad einen dunklen Gegenstand im Sand liegen sehen. Vielleicht war es eine Handtasche, vielleicht auch nur ein Stück Holz, jedenfalls bewog es ihn, sich von dem Mädchen zu lösen und einen Schritt zurückzugehen. Er machte das sehr plötzlich. Sie reagierte nicht schnell genug, und so bemerkte er die Taschenlampe, die sie mit der Rechten nach hinten hielt, sah ihren Lichtstrahl aufblitzen. Wie in einem Reflex drehte er sich nun um und entdeckte ein paar Gestalten, die ihnen folgten. Er konnte nicht genau erkennen, wieviele es waren: drei oder vier mochten es sein. Sie bewegten sich rasch voran. Ihm war sofort klar: Das Lichtsignal hatte ihnen gegolten! Der dunkle Gegenstand im Sand interessierte ihn nicht mehr. Er entriß dem Mädchen die Lampe, warf sie in hohem Bogen fort. »Das also war es!« schrie er sie an. »Mein Gewinn!« Und dann sprang er vom Holzsteg, rannte, so schnell er konnte, durch den Sand, der unter seinen Füßen nachgab und ihm das Vorwärtskommen erschwerte.

Einmal hielt er inne, sah sich um. Die Gestalten folgten ihm, waren schon bedrohlich nah. Nur noch etwa fünfzig Schritte betrug der Abstand. Er rechnete sich, da sie vermutlich alle jünger waren als er, keine großen Chancen aus, hastete weiter, immer weiter. Plötzlich sah er in nächster Nähe den kleinen Kampener Leuchtturm, dachte: Ich muß es versuchen!

Er lief auf den Turm zu, erreichte ihn, umrundete ihn zur Hälfte, gelangte an die Tür, und... sie war offen! Es hing zwar ein Vorhängeschloß an den metallenen Ösen, aber es war nicht zugedrückt. Er entfernte es mit hastigen Bewegungen, warf es zu Boden, riß die Tür auf, stürmte hinein in den dunklen Raum, jagte die schmale Wendeltreppe hinauf. Auf halber Höhe hielt er abrupt inne, weil ihm plötzlich aufging, daß er mit seinem Eintritt in den verlassenen Turm womöglich in eine Falle getappt war. Doch es gab kein Zurück mehr; er würde seinen Verfolgern ja geradewegs in die Arme laufen. Also kletterte er weiter, wohlwissend, daß in der Turmspitze die Jagd schnell zu Ende sein konnte. Natürlich würden sie ihm dann die schönen großen Scheine aus der Jacke ziehen, ihn vielleicht auch noch zusammenschlagen, damit die Meldung bei der Polizei erst spät einginge. Oder waren die Ganoven und ihre Räuberbraut vielleicht sogar brutal genug, ihn umzubringen?

Er hatte die letzten Stufen erreicht, hörte die anderen schon unten an der Tür, da ertastete er über sich eine Luke. Der Deckel war hochgeklappt. Schnell schlüpfte er durch die Öffnung, hatte damit die Plattform der Kuppel erklommen, warf den Lukendeckel zu, stellte sich darauf, keuchte. So schnell war er lange nicht mehr gelaufen.

Da! Ganz leicht hob sich der Deckel, und sofort rechnete er sich aus: Wenn sie gemeinsam von unten gegendrücken, schaffen sie es! Doch dann schöpfte er Hoffnung aus dem Umstand, daß auf der schmalen Treppe nicht genug Platz war für vier oder sogar fünf Leute.

Als der Lukendeckel sich schon eine Handbreit gehoben hatte, kam der Bedrängte auf eine Idee. Er tat einen Sprung. Der Deckel krachte wieder herunter, und unten fluchte jemand. Die Worte verstand Imhoff nicht; er hörte nur die aufgebrachte Männerstimme.

Ist 'ne Methode, dachte er; sobald sie mich ein Stück angeliftet haben, springe ich, und mein Aufprall auf das Holz wird ihnen den kleinen Feldvorteil wieder abjagen, hoffentlich auf schmerzhafte Weise!

Mehrmals noch versuchten sie, den Deckel anzuheben, doch jedesmal konnte Imhoff sie durch einen mächtigen Sprung am Heraufkommen hindern. Irgendwann setzte Stille ein. Offenbar berieten sie sich. Das gab ihm Zeit, sich in dem kleinen Raum umzusehen. Er machte sein Feuerzeug an, schwenkte es herum. Es gab eine Tür, die auf einen schmalen Balkon führte. Von der Luke aus konnte er den Griff packen. Aber da rührte sich nichts. Das Schloß war festgerostet. Egal! Für einen Sprung war der Turm ohnehin zu hoch. Ihm blieb wirklich nur, auf dem Deckel auszuharren.

Dieses verfluchte Weibsbild! dachte er. Zieht auf dem Parkplatz ihre große Show ab, und ich Rindvieh fall' drauf rein!

Er warf einen Blick durch die gläserne Kuppel des Leuchtturms, sah die vom Dämmerlicht schwach erhellten Linien der Dünen und des Horizonts. Plötzlich spürte er, daß der Boden unter ihm erneut in Bewegung geriet. Vorerst sprang er nicht, begann aber zu wippen, machte ganz schnelle, kleine Kniebeugen, um den Gangstern ihr Vorhaben zu erschweren, hielt dann inne. Gleich darauf ging der Lukendeckel bedrohlich weit in die Höhe. Mit Schrecken entdeckte er sogar den hellen Schimmer einer Hand, die den Deckelrand umklammerte. Rasch kniete er sich hin, dachte: Tut mir leid, Junge, aber es ist deine eigene Schuld! Wieder holte er sein Feuerzeug hervor. Klick, sagte es, und dann hielt er die Flamme an die vorwitzigen Finger. Ein Schrei war die Antwort, und der Deckel fiel mit Getöse in seine alte Position zurück. Gleich danach hörte er eine Männerstimme: »Du hast keine Chance! Wirf uns den Kies runter, und wir lassen dich in Ruhe!«

»Ich denk' nicht dran!« rief er zurück und blickte sich ein weiteres Mal um, leuchtete das Rund mit dem Feuerzeug aus, entdeckte eine Menge Gerümpel. Es war auch Baumaterial da; er sah Steine, Fliesen, Zement. Vielleicht, dachte er, will irgend jemand sich hier seinen Alterssitz einrichten. Er überlegte, ob sich etwas finden ließe, womit er seine Gegner in Schach halten könnte, falls es ihnen doch gelänge, heraufzukommen, ein Stuhlbein oder eine Eisenstange oder vielleicht eine Wasserwaage. Er würde bestimmt nicht zögern, zuzuschlagen, gab sich sogar eine Erfolgschance, denn diesen Vorteil hatte er nun mal: Wegen des Lukenmaßes konnten sie nur einzeln in die Kuppel hinaufsteigen, und bei einem Zweikampf würde ihm sein erhöhter Standort zugute kommen.

Doch da lag nichts, was als Waffe geeignet wäre. Allenfalls könnten ihm die Mauersteine nützlich werden. Sein Blick fiel auf etwas Rundliches von Fußballgröße. Er kniete sich hin, kroch vor bis an den Rand des Lukendeckels, streckte den Arm aus, fischte das noch immer nicht definierbare Objekt aus dem Gerümpel heraus, zog es zu sich heran und... hatte eine Baulampe in der Hand. Der lange schwarze Kabelschwanz kam hinterher, und an seinem Ende saß ein Stecker. Hoffentlich gibt's hier noch Strom! dachte er und suchte nach einer Steckdose, fand sie im unteren Kuppelbereich. Sofort kroch er, den Stecker in der Hand, nach vorn, wagte es sogar, für einen Moment den Deckel zu verlassen, da sein Arm nicht lang genug war.

Er führte den Stecker in die Buchse und fuhr zusammen, so grell flammte das Licht der Halogenlampe auf.

Er glitt auf den Deckel zurück, setzte sich und tat dann etwas, woran er zwar keine allzu großen Erwartungen knüpfte, was ihm aber doch einen Versuch wert war. Er hob die Lampe hoch, so daß der helle Strahl durch die Glaskuppel nach draußen fiel, und schwenkte sie über seinem Kopf weiträumig hin und her, hoffte, daß trotz der frühen Stunde Menschen unterwegs waren und sich unter ihnen jemand befand, der wußte, daß dieser Leuchtturm seit vielen Jahren außer Betrieb war. Immer wieder schwenkte er die Lampe, schickte ihr Licht über die Dünen, über das offene Meer, über das Watt.

*

Sie hatten das Netz ausgebracht und tranken heißen Kaffee. Ludje Garnel wollte gerade einen Schluck nehmen, da fuhr ihm der Schreck in den Arm, so daß der Kaffee über den Becherrand schwappte.

»Ich werd' verrückt!« rief er.

»Was ist?« fragte Jacob und trat näher.

»Guck dir das an! Das Kampener Feuer, das kleine! Es dürfte nicht leuchten, aber es leuchtet!« Jacob sah in die Richtung. »Das ist..., das ist ein Spuk!«

»Nee, das ist 'n ganz reelles Licht. Ist wie früher.«

»Kann doch gar nicht sein. Das Feuer ist aus, seit langem, und ist auch auf den Seekarten nicht mehr eingetragen.«

»Aber, verdammt nochmal, es ist da! Und es rotiert! Siehst es doch selbst! Oder etwa nicht?«

»Doch, ich seh' es.«

»Ich geb' das mal durch an *Nordfriesland Radio*.«

»Die halten uns für übergeschnappt.«

»Dann tun sie das eben.«

Und Ludje Garnel bediente das Sprechfunkgerät. Die Antwort lautete: »Ihr sollt nicht saufen, sondern Krabben fangen!«

»Aber das Licht ist da wie in alten Zeiten! Ich seh' es mit Fernglas und auch ohne. Ruft die Westerländer Polizei an, damit die sich um die Sache kümmert. Da ist irgendwas los. Ich fahr' lange genug zur See, um zu wissen, wie gefährlich falsche Leuchtfeuer sind. Nun tut gefälligst was, verdammt nochmal!«

»Okay, okay, beruhige dich!«

*

Lothar Imhoff mußte eine Pause einlegen. Er hatte mehrmals den Arm gewechselt, doch nun schaffte er es nicht mehr, die Lampe hochzuhalten und sie gleichzeitig hin und her zu schwenken. Er sah nach Osten, wo der Himmel sich rot zu färben begann. Die Pracht weckte in ihm keine Bewunderung, eher Verdruß, denn je heller es draußen wurde, desto geringer wurde die Chance, daß jemand sein Licht entdeckte. Dennoch nahm er die Arbeit nach einer Weile wieder auf, schwenkte, auf dem Lukendeckel sitzend, die Lampe hin und her, immer wieder hin und her.

Ein Geräusch schreckte ihn auf. Es kam von unten. Offenbar wurde die Tür aufgerissen. Eine barsche Stimme war zu hören:

»Was machen Sie hier?«

Eine Antwort erfolgte nicht, aber diese eine Frage genügte ja schon. Er öffnete die Luke, stieg hinab, stieß auf drei Polizisten und das Mädchen mit ihren Komplizen.

»Gut, daß Sie da sind!« sagte er zu den uniformierten Männern. »Die Kerle wollten an mein Geld.« Er schilderte in knappen Sätzen, was vorgefallen war. Als er geendet hatte, sagte einer der Polizisten:

»Sie kommen jetzt erstmal alle mit aufs Revier.«

Zu Fuß ging es zum Parkplatz und von dort mit zwei Wagen nach Westerland. Der VW-Bus der Polizei fuhr voran. Imhoff folgte in seinem Auto mit einem der Beamten auf dem Beifahrersitz.

Der Polizist zeigte über die Wiesen und das Wasser hinweg auf das Rot. »Ist doch immer wieder ein Erlebnis«, sagte er zu Imhoff, »zu sehen, wie die Sonne aufgeht.«

JOHANN CHRISTOPH BIERNATZKI

Wattennebel

Auf der Rückfahrt nach der Hallig mußte das Schiff anfangs mit widrigen Winden kämpfen; später trat eine völlige Windstille ein, und eine Viertelmeile vom Ziel wurde Anker geworfen, da auch die Ebbe dazu kam, die kein Weiterkommen selbst bei günstigem Winde gestattet hätte. Noch war es heller Nachmittag, und klar lagen die einzelnen Wohnungen der Hallig vor dem Blicke der ungern Verweilenden. Das Schiff stand bald ganz auf dem Trocknen, und es schien so leicht, die kurze Strecke zum Ufer zu Fuß zu machen. Sollte auch hie und da ein Bischen in dem weichen Schlammn gewatet, oder eine und die andere Wasserrinne übersprungen werden müssen, so kam man doch vor Abend zu Hause.

Oswald lachte laut auf, als Hold nur so ohnehin sagte: daß solche Versuche, das Land zu gewinnen, schon Vielen das Leben gekostet, und dieser fügte auch selbst gleich hinzu, daß heute freilich nichts zu fürchten sei. O des kurzsichtigen Geschlechts, das sich so sicher dünkt, indem es dem Tode entgegenrennt! Kaum zehn Minuten später standen die Wanderer schon ratlos und angstvoll da, und wußten nicht mehr, wohin sie die Schritte wenden sollten, ob rückwärts, ob vorwärts. Ein dicker Nebel, der urplötzlich, man wußte nicht, ob von oben herab-, oder von unten heraufgestiegen kam, lagerte sich um sie her.

Sobald der Nebel aufkam, wandten sich Aller Blicke unwillkürlich auf das Schiff zurück. Wenn nur noch irgend Etwas zu sehen gewesen wäre! Die weiter, als drei Schritte von einander standen, waren ja schon nicht mehr für einander da, und mußten sich durch Rufen zusammenfinden. Oswald ahnte noch nicht die Größe der Gefahr, und konnte sich in das ängstliche Beraten der Andern nicht finden, da er meinte, sie müßten bald das Ufer gewinnen, wenn sie nur darauf hielten, die gerade Richtung nicht zu verfehlen. Auch der Schluß der Beratung fiel dahin aus, vorwärts zu gehen, weil die freilich entfernte Hallig sich doch immer in diesem Nebelmeer wahrscheinlicher treffen ließ, als das nahe, aber leicht zu verfehlende Schiff. Oswald schritt keck voran, trällerte ein Liedchen. Doch als tiefere Stellen, die nicht zu durchwaten waren, umgangen werden mußten, als Rinnen kamen, an denen man in mancherlei Wendungen hinzuwandern gezwungen war, ehe eine Stelle gefunden ward, schmal genug, um hinüber zu schreiten, als bald der eine, bald der andere Gefährte im Nebel oft eine geraume Zeit entschwand, da wurde er stiller und stiller.. Als er ein paar Mal, entweder unbesonnen forteilend, oder zaghaft zurückbleibend, nur nach lautem Geschrei, da der Nebel den Schall hemmte, sich den Genossen wieder anschließen konnte, als er, bald im Schlamme tief einsinkend, bald mit ungewissem Sprung die Weite verfehlend, alle Mühseligkeiten des Weges erfuhr: da begann ein kalter Schweiß von seiner Stirne zu perlen, und bei jedem Stillstand fühlte er das Beben der Angst in seinen Gebeinen. Solcher Stillstand ward immer öfter nötig, teils um die erschöpften Kräfte wieder zu sammeln, teils um über die rechte Richtung sich zu vergewissern. Welche Umwege aber wurden in der dichten Nebelhülle gemacht, die bei heller Witterung leicht hätten vermieden werden können! Vielleicht war der Übergang über eine Rinne nur ein paar Fuß weiter rechts oder links, und eine halbe Stunde wurde vergeudet, um ihn aufzufinden, weil man ihn an der Seite vermutete, wo er nicht war; und wenn man sich endlich überzeugte, daß er da nicht zu finden sei, wo man ihn suchte, ging wieder eine neue halbe Stunde darüber hin, um zu dem alten Fleck zurückzukommen. Zuletzt mußten sich die vier Leidensgefährten anfassen, um nicht durch die graue Wand, die zwischen ihnen jetzt schon bei der Entfernung von auch nur einem Schritt von einander aufgetürmt war, getrennt zu werden. Bisher waren nur wenige, durch die Umstände gebotene Worte gesprochen. Jeder ging still, sich seinen trüben Gedanken überlassend, hinter dem Andern her; nur Oswald unterbrach nun durch sein Stöhnen und Klagen vielfach das ängstliche Schweigen. Aber nicht lange, da tönte die Schreckensfrage von Mund zu Mund: »Wohin sollen wir uns wenden?« Ach! die sich widersprechenden Antworten zeigten nur zu gewiß, daß man sich auf keine Antwort mehr unbedingt verlassen konnte. Die Richtung, bisher noch teils durch die Aufmerksamkeit auf jede neue Wendung, teils auch durch die Kenntnis der Schiffer von dem Lauf wenigstens der größeren Rinnen, vielleicht nicht ganz verloren, ward nun Allen völlig zweifelhaft. Denn die zu machenden Wendungen und Krümmungen waren immer verschlungener, des Hin- und Hergehens, Vor- und Rücklaufens immer mehr geworden; und, unheilbringendes Zeichen! Die Rinnen wurden allmählich breiter, flossen zu immer zahlreicheren Wasserstraßen über, welche bald langsam wie heimtückische Räuber dahin schlichen, indem sie zwischen den kleinen Erhöhungen in vielfachen Krümmungen sich fortwandten, oder lauernd und auf neuen Zuschuß wartend an einer größeren Bank sich verweilten; bald aber auch wie mutige Krieger von einem erklimmten Wall auf die Ebene niederwogten, und dort sich nach allen Richtungen ausbreiteten. Von diesen Bewegungen sahen die Wanderer freilich nichts, obgleich der Nebel jetzt anfing, sich ein wenig zu verteilen. Aber sie kannten ja die Stunde, in welcher ihr Todfeind die Herrschaft wieder antrat auf den Marken, die sie mit mutwilligem Fuß zu betreten gewagt hatten. Sie merkten sich auch schon von seinen verstrickenden Netzen umschlossen; denn, wohin sie sich wandten, stießen sie auf seine Gänge, wohin sie sich wandten, folgte er ihnen nach, und bald spülte er allenthalben um die Füße der gejagten Beute. Nun kroch er, sich hebend und sich senkend, langsam, aber mit sicherem Fortschritt, immer höher hinauf, steigerte im gleichen Stufengang das Bangen und die Beklemmung der Umherirrenden, deren Tritte immer hastiger, aber auch immer unsicherer wurden auf dem überschwemmten Boden, und wallte jetzt um die schlotternden Knie mit höhnischem Rauschen, in welchem sich nur zu deutlich die grausame Freude aussprach: »ihr entgeht mir doch nicht mehr!« Was half die erneute Beratung:

»wohin sollen wir uns kehren?« Ja hätte nun auch die rechte Richtung ausgemacht werden können, wie ja wirklich die aufmerksame Beachtung der Bewegung der Flut sie ungefähr erraten ließ, hatte man nicht vor sich Rinnen, die jetzt zu undurchdringlichen Tiefen geworden waren? Durfte man, selbst dies Hindernis nicht mit erwägend, es sich verbergen, daß eine ungefähre Richtung gar keine sei, da sie an der Scholle, die im weichen Ozean aufgefunden werden sollte, ebensogut rechts oder links vorbei als darauf hin führen konnte? Doch wurde ein Versuch gemacht, vorwärts zu dringen, aber schnell wieder aufgegeben, als der Führer des Zuges plötzlich bis über die Achsel in eine Tiefe versank, aus der er nur mit Mühe herausgezogen werden konnte. Jetzt blieb nichts anderes übrig, als auf dem Platze, wo man gerade sich befand, stehen zu bleiben, und sich in voller Hilflosigkeit der Macht des immer höher schwellenden Ozeans zu überlassen, und dem Vater im Himmel, der allein den Wogen gebieten kann: bis hieher und nicht weiter! Leib und Leben im Gebet zu empfehlen.

»Mein armes, armes Weib!« dachte Hold; und sein Geist war so ganz in diesem Gedanken aufgegangen, so ganz mit ihrem Schmerz um den Verlust des Gatten Eins geworden, daß ihm die Teilnahme für die nahe Bedrängnis verloren ging in der vollen Empfindung ihres Jammers. Die beiden andern Männer standen in dumpfer Hingebung schweigend da. Oswald aber verlor in dieser gezwungenen Untätigkeit alle Fähigkeit, seiner Todesangst irgend ein stärkeres Gefühl entgegenzusetzen, oder auch nur sie unter einer anscheinenden Ruhe zu verbergen. So lange noch Versuche zur Rettung gemacht werden konnten, war er bei jedem günstigen Anschein voll Hoffnung, und die Beschwerden der Wanderung ließen es ihn zuweilen ganz vergessen, daß sie auf einem Wege wandelten, der sie vielleicht nur immer fester als Opfer des Meeres umstrickte. Aber stille zu stehen, rings um sich die Wüste des Ozeans, in jedem leisen Wellenschlag einen neuen Todesboten zu merken, mit welchem der beutesichere Feind neckisch sein Opfer grüßte, eine Marter auszuhalten, die ohne die Abwechselung des Schmerzes, in immer gleicher Ruhe einen Tropfen aus dem Becher der Hoffnung nach dem andern auszählte, diesem schwerfällig aufkriegenden Tode, als würde der Körper von einer ungeheuren Schlange in immer hohler schwellenden Windungen langsam umzogen, von Sekunde zu Sekunde seinen Gang nachzumessen, ihn immer näher und näher am hochschlagenden Herzen zu fühlen; das war mehr, als Oswald zu ertragen vermochte. Anfangs drang er in seine Gefährten mit dem leidenschaftlichsten Ungestüm, noch irgend ein Mittel zur Rettung zu ergründen. Als er endlich ihren vielfältigen Beteuerungen glauben mußte, daß alles versucht sei, was versucht werden könne, und daß jetzt nur noch die Möglichkeit als letzter Hoffnungsstern übrig bleibe, wenn der Nebel sich noch mehr verteile, und das Land nahe sein sollte, durch ihr Geschrei ein Boot herbeizurufen: da schrie er, in jeder längeren Zögerung den gewissern Tod sehend, so gellend auf, daß es diesem herzzerschneidenden Ruf anzumerken war, wie nur die furchtbarste Seelenangst ihm die übernatürliche Stärke gegeben. Mit diesem Ruf war aber auch alle seine Kraft dahin, seine Füße wollten ihn nicht mehr tragen, alle seine Gebeine schüttelten sich wie aus ihren Fugen heraus, seine Zähne hämmerten auf einander, und sein Haar sträubte sich hoch empor; keines zusammenhängenden Wortes war er weiter mächtig. Er wäre jetzt schon umgesunken, wenn Hold ihn nicht gehalten. Es ward auch für Alle nötig, sich gegenseitig zu stützen, da die Wellen schon so hoch gestiegen waren, daß es schwer wurde, die Füße gegen ihren Andrang festzustemmen. Schweigend standen die Männer so nebeneinander, fest die Hände ineinander geschlungen. Jeder hatte in seinem Innern die Rechnung mit dem Leben zu schließen, und weder Zeit zu klagen, noch Lust zu trösten. Oswald wollte freilich auch seine Seele in Gottes Vaterhuld empfehlen, und rang sich aus seinen durcheinander tobenden Gedanken und wild lodernden Empfindungen zu einem Blick nach oben durch, aber der Himmel, an dem schon hin und wieder ein Stern durch den Nebelflor schimmerte, nahm seinen Blick nicht an, wenigstens sank des Jünglings Auge sogleich scheu wieder zurück, und in demselben Augenblick rauschte eine Woge, höher als die übrigen, hinter ihm auf; ein doppelter Wasserstrahl ging von seinem Nacken um den Hals her und floß über seine Brust hin. »Du bist gerichtet!« schauderte es durch seine Seele, und ein neuer Angstschrei riß sich aus seiner Brust los, dem ein dumpfes anhaltendes Stöhnen, untermischt mit abgebrochenem Ächzen, folgte.

 Die Wasser aber rauschten heran, heran; eine Woge legte sich über die andere hin, und mit jeder kommenden Woge lief eine Sekunde ab von der kurzen, den Armen noch zugemessenen, Lebensstunde.

JAMES KRÜSS

Die Geschichte von Jan Janssen und der schönen Lady Violet

Jan Janssen war zu seiner Zeit, um die Mitte des neunzehnten Jahrhunderts, der Wetterfrosch der Insel Helgoland. Kein Sturm, den er nicht vorausgesagt, keine Trockenheit, die er nicht angekündigt hätte. Er kannte die Gesetze des Himmels und des Meeres, und er kannte ihre Launen. Die Schiffer holten sich Rat bei ihm, ehe sie ausfuhren. Die Fischer berieten sich mit ihm, wenn die Heringsschwärme ausblieben oder wenn die Hummer aus unbegreiflichen Gründen die Felsgründe verließen, auf denen sie seit Jahrzehnten gehaust hatten.

Nun war Jan Janssen ein kleiner Mann, dessen Ängstlichkeit sprichwörtlich geworden war. Wenn jemandem der Mut fehlte, irgend etwas zu tun, sagte man: »Benimm dich nicht wie Jan Janssen!«

Jan hatte vor Hunden ebensolche Angst wie vor Katzen und Mäusen; er fürchtete den englischen Gouverneur der Insel ebenso sehr wie den Apotheker, der ihn zu verspotten pflegte. Er fürchtete sich auch im Dunkeln und zitterte, wenn er ausnahmsweise einmal bei rauher See mit hinaus zum Fischfang fuhr. Jan Janssen hatte, kurzum, ein Hasenherz.

Sein genaues Gegenteil war damals die schöne Lady Violet aus London, die Schwester des englischen Gouverneurs, die auf der Insel bei ihrem Bruder lebte. Jan Janssen verehrte sie insgeheim, weil sie genau das besaß, was ihm mangelte: einen Mut, der an Tollkühnheit grenzte. Sie hatte das Gesicht eines Engels, aber das Herz eines Löwen.

Eines Tages sah Jan vom Felsrand des Oberlandes aus, daß Lady Violet aufs Meer hinausruderte, obwohl das Warnungszeichen für Sturm, ein schwarzer Ball, am Mast der Brücke aufgezogen war. Für Jan Janssen hätte es dieser Warnung gar nicht bedurft. Für ihn standen in den Wolken wie im Wasser längst alle Zeichen auf Sturm. Deshalb schüttelte er besorgt den Kopf über die hinausrudernde Lady. Er schwenkte sogar die Arme in der Hoffnung, sie würde ihn sehen und sich warnen lassen. Aber sie sah den winkenden Jan nicht. Mit kräftigen Schlägen stieß sie das Boot vorwärts, immer weiter hinaus.

»Wenn sie nicht so verteufelt geschickt wäre, würde ich keinen Pfifferling mehr für ihr Leben geben«, murmelte Jan. »Das geht nicht gut.« Er seufzte und ging heim, um sich einen Tee zu machen.

Eine Stunde später aber trieb es ihn voller Unruhe wieder hinaus, um nach der Lady zu sehen. Sie war nur noch ein kleiner schwarzer Punkt weit draußen im Wasser, und der Sturm, das wußte Jan, stand unmittelbar bevor. Immerhin konnte er durch das Fernglas erkennen, daß die Lady das Boot schon gewendet hatte und wieder der Insel zuruderte.

»Aber was nützt das?« murmelte er. »Der Sturm ist zu nah und Lady Violet zu weit draußen!«

Er hatte noch nicht ausgesprochen, als vom Meer her die ersten Windstöße kamen und bald darauf die ersten Tropfen. Jan wußte, daß sich ein Sturm ankündigte, wie ihn die Insel selten erlebt hatte. Er rannte nach Haus, zog sich Gummistiefel und Ölzeug an, stülpte sich den Südwester über den Kopf, verknotete ihn unter dem Kinn und stapfte hinunter zur Brücke im Unterland.

Auf der Treppe, die am Felsrand nach unten führt, mußte Jan sich mehrere Male ans Geländer klammern, weil der Sturm ihn umzuwerfen drohte. Der Regen wurde dichter, und über dem Meer gingen die ersten Blitze nieder.

Als Jan endlich die Brücke erreicht hatte, sah er, daß man das Rettungsboot klarmachte. Er sah auch, daß die Fischer schon mit Geld würfelten, um auszulosen, wer ausfahren müsse.

»Das ist Wahnsinn!« dachte Jan. »Sechs Leute setzen ihr Leben aufs Spiel für eine Frau, die ein viel besseres Boot hat und die geschickter ist als alle sechs zusammen.«

Seine sprichwörtliche Ängstlichkeit hielt ihn davon ab, seine Gedanken laut werden zu lassen. Aber als sein eigener Sohn mitwürfelte, da packte den kleinen Mann plötzlich der Zorn. Er trat zu den Männern, die im winterlich kalten Musikpavillon standen, und rief: »Es hat keinen Sinn, auszufahren, Leute! Das wird ein Sturm, wie er in hundert Jahren nur einmal vorkommt. Den übersteht das Boot der Lady leichter als euer schwerer Kahn. Es ist Wahnsinn, auszufahren!«

»Wir müssen tun, was wir können, Vater«, sagte Jan Janssens Sohn Broder. »Es ist unsere Pflicht, eine Rettung wenigstens zu versuchen.«

»Niemand hat die Pflicht, sich selbst umzubringen, Junge! Schaut euch das Meer an! Das ist erst der Anfang! Kentert ihr, gibt es sechs Leichen. Kentert die Lady, gibt es nur eine!«

Ein Fischer schob Jan Janssen einfach zur Seite. »Weg, Alter! Davon verstehst du nichts. Wir fahren aus. Und Broder fährt mit.«

Jetzt war Jan Janssen nicht wiederzuerkennen. Er packte seinen Sohn am Ölzeug und sagte ruhig, aber totenblaß: »Du bist noch nicht einundzwanzig. Ich verbiete dir, mitzufahren. Ich habe nur einen Sohn.«

»Wenn du mir verbietest, mitzufahren, bin ich dein Sohn nicht mehr«, sagte Broder. Auch er war blaß.

»Verachte mich, wenn du willst, Junge, aber bleib leben!« sagte Jan. »Ich verbiete dir vor allen Anwesenden, mit auszufahren. Das Gesetz ist auf meiner Seite.« Er ließ den Jungen los und ging in Sturm und Regen hinaus auf die Brücke.

Die Männer im Pavillon sahen sich an. So kannten sie Jan Janssen nicht. Sie hielten ihn jetzt erst recht für einen Feigling, aber sie respektierten ihn. Es wurde tatsächlich für Broder ein anderer Fischer ausgelost, und der Junge mußte, Zorn auf den Vater im Herzen, an Land bleiben.

Als das Rettungsboot ausfuhr – es hatten sich inzwischen eine Menge Insulaner an der Brücke eingefunden –, tobte das Meer wie selten. Die ersten Brecher schlugen schon über die Brücke. Himmel und Wasser flossen ineinander. Daß das Rettungsboot überhaupt ablegen konnte, war mehr einem Wunder als seemännischer Tüchtigkeit zuzuschreiben. Man sah es bald nur noch, wenn eine besonders hohe Welle es hochhob.

Bei den Insulanern an der Brücke, die den Rettern zusahen, mischten sich in den Herzen und in den Gesprächen Angst und Stolz: Angst um das Leben der Ruderer, Stolz auf ihren Mut. Für Jan Janssen, der seinem Sohn verboten hatte, mit auszufahren, hatte man nichts als Verachtung übrig.

Das Unwetter raste immer wilder. Die Zuschauer mußten sich in die Häuser zurückziehen, weil das Meer ständig höher stieg und das Wasser schon in die ersten Keller lief. Alle Insulaner waren jetzt in Bewegung. Vom Oberland aus beobachtete man das Meer mit Fernrohren. Aber der dichte Regenschleier behinderte die Sicht. Manchmal meinte einer, das Boot ausgemacht zu haben; aber dann war es nichts als der dunkle Streif einer Wellenwand.

Bald kam die Dunkelheit hinzu. Gaslaternen und Öllampen wurden angezündet. Die Menge bei der Brücke wurde immer schweigsamer.

Aber dann, plötzlich, schrie man wie aus einem Munde: »Sie kommen!«

Ein Boot wurde mit einem Male nahe der Brücke sichtbar. Eine Welle hob es, danach versank es wieder.

»Es kommt nicht heran! Wir müssen Rettungsringe auswerfen!« rief jemand. In diesem Augenblick sah man auf einem Wellenkamm, undeutlich, aber mit Sicherheit, das Boot wieder. Es war zum Greifen nah, und dann schoß es, mitten im Schaum, den überschwemmten Strand hinauf. Ehe die zurückrollende Welle auch das Boot mit zurückzog, sah man eine Gestalt über Bord springen. Als die nächste große Welle kam, wurde die Gestalt landeinwärts mitgeschleift.

Zwei Männer wagten sich ein Stück ins Wasser vor; aber ehe sie zupacken konnten, wurde die Gestalt wieder mit zurückgerissen. Erst eine neue Welle trug sie wieder heran, und diesmal war es den Männern möglich, sie zu packen, ehe der Sog der abziehenden Welle sie ihnen wieder entriß. Die Rettung war geglückt. Man brachte die Person ans Land. Es war Lady Violet.

Auf die sechs Retter wartete man bis zum Morgen vergeblich. Ihre Leichen spülte das Meer Tage später an verschiedenen Küsten der Nordsee an.

Eine Woche nach dem Unglück begrub man die sechs Seeleute auf dem kleinen Friedhof der Insel. Lady Violet war beim Begräbnis dabei. Sie sprach im Namen ihres Bruders, des Gouverneurs, der in London war, an den offenen Gräbern.

»Ihr seid«, sagte sie in die Gräber hinein, »um meinetwillen ausgefahren. Ich war tollkühn und habe nicht bedacht, daß ich auch euch in Gefahr bringen würde. Gott lohne es euch allen! Euch Lebenden aber...« Die Lady wandte sich an die Trauergemeinde. »...euch Lebenden sage ich, es war nicht Mut, sondern Wahnsinn, auszufahren. Bei solchem Wetter und mit solchem Boot kehrt niemand zurück. Nur einer unter euch, der kleine Jan Janssen, hatte den Mut, diesem Wahnsinn entgegenzutreten. Er kannte die Boote. Er kannte die Ruderer. Er gab mir mehr Chancen als den sechs Rettern. Er war so vernünftig zu sagen, sechs Leben für eins, das sei zu teuer. Er hatte recht. Habt zukünftig nicht blinden, sondern vernünftigen Mut. Beten wir für die Seelen der Toten!«

Man betete. Aber das Erstaunen über die Rede der schönen Lady Violet blieb auf den Gesichtern, und Jan Janssens Sohn Broder blickte zu Boden, bis die Trauerfeier zu Ende war.

INGEBORG ANDRESEN

Niß Prozesser

Woher Niß auf Mettenwarf sich den Zunamen »Prozesser« geholt hatte, kann sich wohl jeder leicht zusammenreimen. Schon als junger Mensch hatte er mit Gott und aller Welt wegen der geringsten Kleinigkeit im Rechtsstreit gelegen. Seinen ersten großen Prozeß strengte er wegen irgend einer Jagdberechtigung an, die auf seinem Jagdschein nicht zweifelsfrei bezeichnet war. Zwar verlor er ihn, und sein erboster Vater mußte brummend und scheltend die Kosten bezahlen; aber Niß hatte trotzdem Geschmack an der Sache gefunden, und nun verging eine immer kürzere Zeit, bevor er wieder auf der Gerichtsschreiberei erschien und dem verdrießlichen Schreiber eine neue Klage diktierte. Wenn einer durchaus Streit haben will, findet sich schon ein Grund – bald ging es um ein Wegerecht, bald um einen Deichanspruch, bald hatte ihn ein Viehhändler übervorteilt, oder er entdeckte zur Erntezeit, daß der Lieferant des Saatkorns ihn übers Ohr gehauen hatte; auch kam es vor, daß Niß ein Verkauf gereute und der Käufer sich zu solchen Wünschen ablehnend verhielt, dann wieder machte Niß die Gemeinde haftbar für irgend einen Schaden, der ihm durch eine öffentliche Anlage oder Einrichtung zugefügt sein sollte, oder er verlangte plötzlich Steuern und Abgaben zurück, die er vor Jahren anstandslos bezahlt hatte. Auf Behörden und staatliche Einrichtungen hatte er's überhaupt abgesehen; da fand sich stets irgendwo ein Häkchen, an das Niß mit unfehlbarer Sicherheit seinen Prozeß angehängt kriegte. Als ihm aber wirklich einmal für eine Weile der Stoff fast ausgegangen war – nur einige ältere Sachen, denen Niß kein rechtes Interesse mehr entgegenbrachte, schleppten sich so von einem Termin zum anderen hin – starb glücklicherweise sein Vater. Und Niß begann sofort einen Prozeß auf Nichtigerklärung des Testaments. Nicht als ob er durch den letzten Willen seines Vaters sich irgendwie benachteiligt gefühlt hätte – nein, Niß war eigentlich ganz zufrieden mit der Fassung, die auch mit Hülfe seines sachkundigen Rates zustande gekommen war. Aber: »Ick will doch mal sehn, ob sick dat Ding nich umsmieten lett!« sagte Niß mit listigem Blinkern seiner kleinen hellblauen Augen und wanderte aufs Gericht.

Im Grunde genommen war es ein rein künstlerisches und sportliches Interesse, was ihn zu diesem ewigen Kampf ums Recht bewog. Früher in der Schule hatte er die diesem Landstrich eigene Begabung für Mathematik besonders gepflegt und geübt – jetzt witterte er ein verwandtes Gebiet in dem Sinn der Paragraphen der Gesetzesbücher und Prozeßordnungen, die er in reicher Auswahl zusammengekauft hatte. Stundenlang saß er mit gekrauster Stirn und suchte sich die geschraubte amtliche Gesetzessprache in ihren logischen Folgerungen klar zu machen – und davon wuchs ihm wiederum eine Unruhe im Blut auf, eine Unruhe, ob nun auch die bestellten Richter streng diesem vorgezeichneten Gesetzeswege folgen würden, ob sie nicht links oder rechts ausbiegen möchten diesem zu Liebe oder jenem zu Leide. Dann aber stand Niß Prozesser da, bereit, ihnen auf die Finger zu klopfen!

So wurde er mit den Jahren der Schrecken aller Amtsgerichte, die Plage aller Richter und Gerichtsschreibereien im weiten Umkreis seines Heimathofes. –

Es gab auch noch eine Anna Prozesser. Das war Nißens einzige Schwester, die nicht bloß aus Familienzugehörigkeit das brüderliche Namensanhängsel mit abbekommen hatte.

Anna hatte des Bruders Leidenschaft zuerst nur mit weiblicher Neugier verfolgt, dann war sie der Sache näher gerückt und hatte mit Anteil und Aufregung die einzelnen Stufen eines Prozesses mit verfolgt, und schließlich – da Anna von Kind auf der Ansicht gewesen war, was Bruder Niß könnte, brächte sie auch noch fertig – hatte sie eines Tages auf eigene Faust einen Rechtsstreit anhängig gemacht. Von diesem Augenblick an gab es also auch eine Anna Prozesser.

Allerdings war Anna zerfahrener, flatterhafter in ihrem Wesen und hatte auch nicht des Bruders geschulten Verstand. So war es mehr das äußerliche Drum und Dran, das ihre sonst langsamen Sinne aufrüttelte und fesselte. Halb und halb war sie sich selbst dieses Mangels bewußt; weil sie aber doch den damit verbundenen Reiz nicht entbehren mochte, lief sie zum Rechtsanwalt und vertraute dem ihre Sache an. Da sie aber auch schon bei der Aufnahme eines Prozesses täppischer und unvorsichtiger war als der bei aller Leidenschaft kalt berechnende Bruder, hatte sie wenig Glück mit ihren Unternehmungen. Wiederum aber war sie nicht klug genug, aus diesen Erfahrungen die einzig richtige Lehre zu ziehen, sondern sie schob leicht getröstet die Schuld an dem Mißerfolg dem Rechtsanwalt zu, der ihre Sache geführt hatte. Natürlich vertraute sie ihren nächsten Prozeß einem andern an – so verbrauchte sie die Rechtsanwälte der näheren und weiteren Umgebung wie Handschuhe. Und obgleich ihr diese Praxis so wenig bekam, daß sie, eben vierzig geworden, völlig mittellos dastand, blieb doch nach wie vor jedes dritte Wort, das in der Unterhaltung ihren Lippen entfuhr, das dringende: »Gah na'n Afkat!«

Niß Prozesser war durchaus kein so zärtlicher Bruder, daß er nun ohne weiteres seine Schwester Anna, mit der er sich im übrigen immer gut und brüderlich vertragen hatte, weiterhin noch auf dem väterlichen Hofe behalten wollte. Bald nachdem er seiner Anna-Schwester die letzte ihr gehörige Hypothek bar ausgezahlt und es sich ausgerechnet hatte, daß sie nunmehr wohl den Weg der vorangegangenen gewandert sein möchte, gab er ihr ohne viel Umschweife seinen Wunsch zu erkennen, daß sie sich nunmehr ernstlich nach einem anderen Unterkunftsort umschaue. Anna nahm ihm diese Offenheit nicht im geringsten übel – das hatte sie sich schon alles selbst auch gesagt und sie war auch über die Gestaltung ihrer Zukunft gar nicht in Verlegenheit. So lud sie eines Tages auf das ihr vom Bruder zur Verfügung gestellte Fuhrwerk ihre ererbten Töpfe, Teller und Pfannen und das dazugehörende Hausgerät und fuhr damit in die nächste Stadt.

Der Knecht mußte auf ihr Geheiß vor dem Bürgermeisteramt halten, Anna Prozesser ging mit verheißungsvollem Gesicht in das Gebäude hinein und begehrte den Stadtgewaltigen zu sprechen. Der sah hoch auf, als die hier allen wohlbekannte stattliche Person über seine Schwelle trat. Ihr starkes blondes Haar, ihre noch immer hübschen blauen Augen und ihr regelmäßiges gesund gefärbtes Gesicht erweckten ein gewisses Wohlwollen in seinem Herzen, das jedoch sofort schwand, als Anna den Grund ihres Kommens verriet. Sie beabsichtige, so erklärte sie dem Herrn Bürgermeister mit liebenswürdigem Lächeln, in das städtische Jürgenstift einzuziehen – das war ein vor hundert und mehr Jahren errichtetes Alters- und Versorgungsheim für gut beleumundete unbemittelte Bürger beiderlei Geschlechts, mit reichen Mitteln, nahrhaften Pfründen und vielen Gerechtsamen ausgestattet, daher auch hochangesehen und die Aufnahme darin vielbegehrt.

Der Bürgermeister atmete erleichtert auf, als er diesen nach seiner Meinung gänzlich unangebrachten Wunsch vernahm, er gedachte mit wenigen Worten der Anna Prozesser das Törichte ihres Planes klar zu machen – gehörte Anna doch ganz sicher nicht zu den allein aufnahmeberechtigten städtischen Bürgern. Anna lauschte auch mit nachsichtiger Geduld seiner Erklärung, dann jedoch hob sie ihre Stimme um ein weniges, holte aus ihrer Tasche ein vielfach zusammengelegtes Papier, das sich schließlich als das Duplikat einer alten Stiftungsurkunde herausstellte, und bewies daraus dem Bürgermeister kurz und bündig, daß ein Großonkel ihrer Familie in seine Stiftungsstatuten einen Satz hineingekapselt hatte, dem zufolge späteren Familienangehörigen unter gewissen Voraussetzungen ein Platz im Jürgenhospital zu gewähren sei. Der angstschwitzende Bürgermeister zwar wollte diese Voraussetzungen bei Anna Prozesser nicht als gegeben ansehen – aber da blitzten Annas blaue Augen ihn zornig an und ihre Stimme klang ihm wie Donnerton ins Ohr: »Sodenn gah ick na'n Afkat!« Dem Stadtoberhaupt brachte diese weltbekannte Drohung Anna Prozessers nicht gerade etwas Überraschendes, dennoch verfehlte sie ihre Wirkung nicht ganz. Er runzelte die Stirn, fand mit Müh und Not einen Einfall, der ihn erst einmal für eine kurze Weile von Annas Gegenwart befreite, damit er doch mit den Ratmännern und sonstigen verantwortlichen Stellen die Forderung des Feindes überlegen konnte.

Der Ausgang entsprach durchaus Annas Ruf und Annas Erwartungen: man zog das kleinere Übel dem größeren vor und gewährte der Streitbaren lieber die geforderte Unterkunft im Jürgenstift, als daß man sich und dem Stadtsäckel einen jahrelangen Prozeß aufbürdete. Zwar gab man Anna dabei deutlich zu verstehen, daß man dies aus reiner Güte und Barmherzigkeit tue und um das Andenken eines frommen Stifters zu ehren – nicht etwa in Anerkennung zweifelhafter Rechte – und daß man zum Dank dafür ständiges Wohlverhalten und einen zufriedenen und demütigen Sinn bei der neuesten Stiftinsassin voraussetzte. Anna lächelte überlegen zu dieser Rede, richtete sich häuslich und gemütlich in ihrem neuen Heim ein und fand in der Folgezeit noch oft Gelegenheit, die Zauberkraft ihres alten Wortes: »Ick gah na'n Afkat!« zu erproben – bis sie's eigentlich rundherum alles so hatte, wie sie's nur wünschen konnte, und keinen rechten Grund mehr zum Drohen fand. Alles wich ihr und ihrem Zubehör in weitem Bogen aus, die alte Stina Bleiken mit ihrem lahmen Bein war die einzige, die nicht schnell den Schlüssel in der Tür umdrehte, wenn sie Annas gewichtigen Schritt über den Flur nahen hörte. Anna ahnte nun wohl, daß dies nur daran lag, daß Stina eben nicht rasch genug von ihrem Fensterplatz zur Tür humpeln konnte – das ängstliche »ja« und »nein«, das jene einzig zur Unterhaltung beisteuerte, ließ die Besucherin darüber kaum im Zweifel. So war das Leben im St. Jürgenstift im ganzen wenig abwechslungsreich für Anna Prozesser, und wenn nicht die Besuche von Bruder Niß gewesen wären, hätte sie wohl mit der Zeit das Reden ganz verlernt.

Niß Prozesser aber kam regelmäßig jeden Sonntag und dazu noch ein paar mal in der Woche zu kürzerer Einkehr – ihm war es nach Annas Weggang ebenso einsam auf dem väterlichen Hofe wie ihr in der Stadt. Aber das ließ sich ja nach seiner Meinung nicht ändern – Anna hatte eben ihr Erbteil vertan und also kein Anrecht mehr an das angestammte Dach, sie mußte in die Fremde hinaus, so wollte es ein altes Recht und ungeschriebenes Gesetz. Wenn sie nun aber wieder zusammen saßen in Annas blitzblanker Stube, war es ihnen beiden jedesmal ein Festtag. Anna kochte einen Kaffee, daß die alten Männer und Weiblein, die neugierig an der Tür vorüberschlurrten, sehnsüchtig die Nasen krausten, auch briet und schmorte sie dem Bruder zum Abendessen allerlei Lekkerbissen, die er jetzt, wo er mit bezahlten Leuten schlecht und recht hauste, nicht zu sehen bekam. Dazu wurden die von Niß mitgebrachten Vorräte an Wurst, Schinken, Meth und sonstigem Guten verzehrt, nebenbei aber in lebhafter Unterhaltung, wie sie es früher kaum fertig gebracht hatten, alte Kindheits- und Jugenderinnerungen heraufbeschworen, das heimatliche Dorf Haus bei Haus durchsprochen und begutachtet, auch das angestammte Heim nicht vergessen und jedes lebende Wesen darin ausführlich und liebevoll nach den Möglichkeiten seiner Entwicklung durchforscht. Ging Niß dann nachher wieder auf seinen einsamen Hof, saß Anna wieder allein im engen Jungfernstübchen, waren sie beide so recht im Herzen zufrieden mit sich und ihrem Leben; so viel innerliche Wärme war ihnen aus ihrem Beisammensein erwachsen, daß es sie für die Zeit des Alleinseins versorgte und durchleuchtete. Diese wunderlichen Menschen waren so ausschließlich auf ihre eigene Art eingestellt, daß sie es beide nie zu einem näheren und auch nur freundschaftlichen Verhältnis mit einem anderen Menschen gebracht hatten; erst wenn sie sich gegenüber saßen und jedes sich in dem andern unbewußt gleichsam wie in einem Spiegelbild wiedersah, erlebten sie etwas von dem Zauber, der Mensch an Menschen bindet, während einem andern gegenüber ihnen nur immer das Gegensätzliche ihrer eigenen Natur in Blut und Hirn kreiste.

*

Wieder einmal war Niß bei Schwester Anna eingekehrt. Er war mißmutig und verdrießlich gekommen – zu

Hause ging alles verquer und verdreht, die Dienstboten waren faul und nachlässig, die Haushälterin verfolgte ihn mit Heiratsplänen. Dazu hatte Niß zur Zeit gar keine rechte Ablenkung für seine ärgerlichen Gedanken – vor einigen Wochen hatte ein Prozeß, der ihn jahrelang aufs eifrigste beschäftigt hatte, endlich ziemlich ergebnislos seinen Abschluß gefunden; nun schien die Welt mit labbriger Friedensstimmung gesättigt, einer Stimmung, die Niß auf die Nerven fiel und ihn mit Gedanken an Alter und Tod erfüllte, wie andere Leute ein nebliger regenfeuchter Herbsttag.

Hier bei Anna wurde es gleich ein bißchen besser. Durch das einzige Fenster, das mit weißen Gardinen zierlich verhängt war, kam die Sonne hell und lachend herein. Auf dem blanken Mahagoni-Eßtisch zitterte flimmernd wie ein ängstliches hungriges Seelchen ein Sonnenkringel – die silberglasige Vase mit den vielen leuchtenden Morgenröschen auf dem Nähtisch war Schuld daran. Die Geranien und Fuchsien, die weißen Sternblumen und Fleißigen Lieschen auf dem Fensterbrett standen in bunter Pracht, der Kanarienvogel im blanken Messingbauer packte dem Besuch zu Ehren seine schönsten Triller aus.

Niß saß behaglich zurückgelehnt im alten Sofa, zu dem seine Mutter noch selbst den Bezug gewebt hatte. Anna ging hin und her durch ihre beiden kleinen Stuben und die daran stoßende Küche, um den Kaffeetisch zu decken. Dazwischen fragte sie den Bruder aus und gab sich in eilfertiger Geschäftigkeit die Antwort meist schon selbst, bevor der langsamere Niß noch die Lippen voneinander brachte.

»Wie geht es dir, Niß, alter Junge? – Gar nicht so recht, das seh' ich dir an! – Doch, doch... an der Nasenspitze, Niß... die ist immer gleich weiß und käsig bei dir, wenn etwas nicht will, wie du möchtest! – Was ist denn los? Hat Augustin vielleicht doch nicht das Heck setzen lassen? Doch, sagst du? Na, siehst du wohl, Bruder, so muß man sie kriegen! Und der Bäcker? Quest er noch über den Braunen? Wenn der an dem Pferd was auszusetzen hat, da laß du ihn nur kommen! Dem würd' ich mal ein Licht aufstecken! Ja, ja, wenn solche Leute sich erst Pferdeverstand zulegen! – Na, Niß, was denn? Kann der Knecht noch immer nicht einfahren? Schick ihn weg – aus dem Dänischen kriegst du leicht einen neuen!...«

So tröstete und sorgte Anna eifrig herum, Niß gab kaum einen Brocken dazu, er mußte das Behagen, das ihn hier umgab, erst einmal schweigend in sich aufnehmen.

Schließlich brummte er hin und wieder einen Ton dazwischen – gleichsam nur Stichworte, zu denen Anna sofort lebhaft und völlig bei der Sache eine lange Erörterung gab.

Jetzt eben steuerte Niß das Wort »Haushälterin« zur Unterhaltung bei. »So, die!« gab Anna zur Antwort – »ja, mit der bist du nett hereingefallen, Bruder! Eine große, starke Person und versteht von Tuten und Blasen nichts!«

Niß widersprach diesem Urteil mit einem unverständlichen Gebrumm – er war sonst wohl zufrieden mit Lene Nebbs – Anna war lange nicht draußen gewesen und hatte sie nur in der ersten Zeit einmal flüchtig gesehen. Das, was ihn so in Unruhe und Unbehagen versetzte, war ja ganz etwas anderes – da die Schwester aber gerade in diesem Punkt so ganz ahnungslos war, gab er es mit einem innerlichen Seufzer auf, ihr darin seine Kümmernis zu klagen. Anna aber bedauerte Niß, dem nach ihrer Ansicht durch schlechte und nachlässige Dienstboten das Seinige unter den Händen wie Butter an der Sonne zerrann, weiter, während sie den Kaffeetisch fertig deckte.

Eine helle Decke verschlang jetzt den Sonnenkringel auf der blanken Tischplatte, mitten drauf prangte schon die Zuckerschale aus blauem Glas in der silbernen Filigranfassung, der Kuchenteller schob sich mit seiner duftenden Last dazu, silberne Löffel blinkten einladend neben den beiden feinen Porzellantassen.

Anna schloß gerade sorgsam den Tassenschrank mit den beiden Glastüren zu, lehnte sich einen Augenblick mit dem Rücken dagegen, während sie die schlankgebauchte Kaffeekanne, die gleich den braunen Trank aufnehmen sollte, in beiden Händen hielt.

Noch immer wollte des Bruders Gesicht ihr nicht gefallen – ja, ja, wenn man sich mit fremden Leuten herumschlagen soll, da kann einer Ärger fressen wie die Pferde den Hafer. Ein herzliches Mitleid mit dem Bruder füllte ihre Seele: »Niß, alter Jung – wenn noch unsere selige Mutter lebte! Damals hatte das alles andern Schick, was?«

Es kam Anna nicht von ferne in den Sinn, zu sagen: »Bruder, ich komm' zu dir, um das Deinige zu betreuen.« Sie wußte, daß auch Niß dieser Gedanke nicht im Traum einfiel – das war etwas, was garnicht in Betracht kam. So blieb ihr also nichts als recht herzliches Trösten und Guttun. Ihre Augen ruhten auf dem Bruder: »Niß, dir wird eine ordentliche Tasse Kaffee wohl bekommen! Warte nur! Aber was hab' ich dir da für eine Tasse hingestellt? Gib her, Niß, du kriegst eine andere!«

Anna stellte die Kanne auf den Tisch, drehte sich wieder um und schloß den Tassenschrank nochmals auf. Hinten aus der Ecke holte sie etwas heraus, das in Seidenpapier und Watte sorgsam verpackt war. Eine plumpe, blau bemalte Steinguttasse kam zum Vorschein. Anna stellte Ober- und Untertasse sorgsam ineinander und schob sie dem Bruder über den Tisch zu: »So, Niß, Mutters Tasse, woraus sie jeden Tag trank! Daraus sollst du heute trinken! Weißt du noch, wie Mutter so recht voll Behagen ihren Tee schlürfte?«

Anna wischte sich mit der Hand übers Gesicht: »Gott, Niß... als ich ihr die letzte Tasse Tee brachte! Ich seh sie noch im Bett sitzen mit ihrem feinen stillen Gesicht... wir haben beide nichts davon geerbt, Niß... es schmeckte ihr so gut und sie sah mich ordentlich lustig an, als sie sagte: »Anna, ich glaub', ich hol' es noch mal wieder...«
»Und mit dem...« Anna würgte ein paar mal und wandte sich halb ab – »mit dem sinkt sie auch schon zurück und ist nicht mehr. Und ich... ich griff unwillkürlich zuerst nach der Tasse, so ist nun mal der Mensch!«

Der Bruder wog die Tasse auf der Handfläche und faßte dann die Obertasse sorgsam am Henkel – ja, so war es, wie Anna gesagt hatte: die Mutter hatte viele Jahre lang, Tag um Tag, dies unscheinbare Gefäß für jeden Trunk benutzt – ihm war es ganz aus dem Gedächtnis geschwunden gewesen. Jetzt auf einmal wußte er es wieder – er sah wieder die verarbeiteten Hände sich um den Tassenkopf legen – er sah wieder die welken Lippen, die den ausgestoßenen Rand berührten. Nun sollte er daraus trinken... das war fast, als ob von weit her... aus tiefem Dunkel heraus... eine liebe Hand nach seiner faßte... das war fast, als ob Mutterlippen seine suchten, wie sie es in ganz seltenen, besonderen Augenblicken, vor langen Jahren, in weit verwichener Kinderzeit, wohl getan hatten.

Wie gut es die Anna-Schwester da hatte, die dies liebe heilige Stück hütete! – Er hob plötzlich den Kopf und sah sie an: »Anna, wie kommst du eigentlich dazu?«

Die Schwester nahm sie ihm gerade behutsam aus der Hand und goß den braunen Trank hinein. »Wie ich dazu komme? Nun, Bruder, ich hab' sie damals nach Mutters Tod doch gleich weggestellt, daß ja keines der Mädchen sie in die Hände kriegte und sie etwa entzwei warf.«

»Und dann hast du sie mitgenommen?«

Anna nickte sorglos: »Wohl, wohl! Die hab' ich mir besonders eingepackt, in den Armkorb gesteckt und so mit hierher gebracht – zwischen dem andern Geschirr konnte sie zu leicht zerbrechen.«

Sie schob ihm den Kuchenteller zu – Niß aber sah darauf, ohne etwas zu nehmen, atmete hastig und bedrängt, auf seiner eigentümlich kantigen Stirn lag über der Nasenwurzel eine tiefe Längsfalte, die Augenbrauen schoben sich wie breite Dächer über die starr blickenden Augen.

»Anna... sie kommt dir eigentlich garnicht zu!« Die Stimme klang wie das dumpfe Knurren eines bissigen Hundes.

Anna sah ihn erstaunt an. Ein Lächeln zog um ihren Mund: »Was meinst du, Niß? Mutters alte Tasse kommt mir nicht zu? Ja, wer sollte die denn sonst wohl haben?«

»Das fragst du noch? Ich bin doch wohl der nächste dazu! Weshalb hast du sie denn, ohne ein Wort zu sagen, an dich genommen? He?«

Nun wurde Anna auch etwas ärgerlich: »Was für'n Tünkram, Niß! Ich hab' sie Mutter doch beim Sterben aus der Hand genommen...«

»Damit gehörte sie dir doch nicht!« Niß stand jetzt in seiner ganzen Länge am Tisch, seine geballten Fäuste lagen schwer auf der Platte, seine Schultern zitterten leise vor Aufregung. »Du hast das mitgekriegt, was Tante Rieke uns vererbte – kein Stück mehr. Im Haus blieb alles, was drin war. Auch diese Tasse gehört dazu. Mutters Tasse gehört zu mir auf Mettenwarf! Ich nehm' sie gleich wieder mit, Anna!«

Anna war während dieser Worte blasser und blasser geworden, jetzt aber schrak sie zusammen und gewann damit im Nu wieder ihre Überlegung zurück. Sie griff über den Tisch hinüber, nahm die noch gefüllte Tasse, schüttete ruhig den Inhalt in die Kanne zurück und stellte sie dann in den Schrank, den sie zuschloß. »So, Niß, nun sieh zu, wie du sie wieder kriegst – ich hab' sie und ich behalte sie. Solang wie ich lebe. Und ob ich sie nicht noch mit in den Sarg nehm, das will ich auch noch nicht verreden. Nun weißt zu Bescheid.«

»Jawohl, ich weiß Bescheid!« Niß stand schon an der Tür. »Jawohl... und ich weiß auch, was ich nun zu tun habe. Das wird dir noch schlecht bekommen, Anna!«

Anna lachte schrill auf: »Willst du mich verklagen, Niß? Wegen Mutters Tasse? Man immer los! Ich gehe zum Advokaten und er soll dir schon den Weg weisen!«

Die Tür, die hinter dem Davoneilenden hart und heftig ins Schloß fiel, überlärmte ihre weitere erboste Rede. –

Niß Prozesser ging mit rotem Kopf geradewegs auf die Gerichtsschreiberei des Amtsgerichts und gab dort dem Schreiber seine Klage zu Protokoll. Der Mann war noch neu hier am Ort, kannte Niß noch nicht und wollte ihm daher abraten; erst mit gutmütigem Spott, dann mit hochfahrender Überlegenheit und schließlich mit entrüstetem Zorn. Doch Niß schnitt ihm jeden Einwand kurz ab und diktierte ihm ruhig und wohlüberlegt seine Klage gegen seine Schwester Anna Lorenzen auf Herausgabe einer alten Steinguttasse.

*

Niß und Anna hatten also wieder ihren Prozeß. Anna hatte schweren Herzens alte Silbersachen zu Geld gemacht, um dem Rechtsanwalt den geforderten Vorschuß bezahlen zu können, auch war es ihr nicht leicht gewesen, überhaupt einen Beistand zu finden – einer nach dem andern hatte mit dieser lächerlich nichtigen Sache nichts zu tun haben wollen, bis sie dann schließlich doch noch einen ehrgeizigen jungen Anfänger auftrieb, der hoffte, sich durch die Führung dieses Prozesses gleich allgemein bekannt zu machen.

So ging es also seinen Gang, den üblichen Schneckengang, der diesmal die beiden Gegner fast zur Verzweiflung brachte. Niß war fest überzeugt, daß eine einzige Verhandlung genügen würde, um ihm das Recht an die Tasse der Mutter zuzusprechen – Anna würde es doch nicht leugnen können noch wollen, daß ihm der ganze

Hausstand auf Mettenwarf zugefallen war, also auch alles Geschirr und Gerät, jede Kanne und Kelle, jeder Löffel- und Pfannenstiel. Anna war nicht berechtigt, ohne seine Erlaubnis von all diesem auch nur einen Stecknadelkopf mit sich zu nehmen. Und nun gar Mutters Tasse! Vielleicht, wenn sie zu ihm gekommen wäre und gesagt hätte: »Bruder, die Tasse, die ich Mutter aus den erkaltenden Fingern löste – nicht wahr, die Tasse schenkst du mir?« Da hätte er vielleicht, nein, wahrscheinlich, ja gesagt! Aber so wie sie es gemacht hatte – nein, Recht muß Recht bleiben, auch in kleinen Dingen.

Und als dann schließlich nach vielen vertagten Terminen sich zum erstenmal die Parteien gegenüber standen, ließ Anna durch ihren Rechtsanwalt den Einwand machen, sie habe wie üblich die persönlichen Gebrauchsgegenstände der Mutter, ihre Kleider- und Schmucksachen, geerbt, sie sei also auch berechtigt gewesen, diese Tasse an sich zu nehmen. Niß blieb bei seiner Behauptung, daß die Tasse nicht dazu gehöre, sondern zum übrigen Hausstand, auch wollte er nichts davon wissen, daß Anna die persönliche Hinterlassenschaft der Mutter als ein ihr zustehendes Recht für sich in Anspruch nahm – nur aus gutem Herzen habe er ihr jedes einzelne Stück überlassen. Zeugen und Sachverständige wurden von beiden Seiten geladen, Niß wie Anna erboten sich, ihre Aussagen zu beeidigen – die Richter waren verzweifelt und entrüstet und drängten vergebens zu einem Vergleich. So ging ein Monat nach dem andern hin. In den Herzen der Geschwister nistete sich der Haß fest wie ein fressendes Geschwür, ihnen schmeckte nicht mehr Essen und Trinken, der Schlaf floh ihre Nächte, und weder Werktagsarbeit noch Sonntagsruhe befreite sie auch nur für stundenlang aus dem Gedankengang ihres Streites. In Nissens dunkleres Haar mischten sich plötzlich die ersten weißen Fäden, sein Nacken beugte sich etwas, und wenn er vom Stuhl aufstand, tat er das langsam und müde wie ein alter Mann. Annas glattes Gesicht furchte sich auf einmal, ihre Augen wurden matt und glanzlos und ihr ganzes Aussehen verlor an Nettigkeit und Frische. Sie sah plötzlich aus, als ob sie alt und arm werden könnte.

Eins aber brachten die beiden nicht fertig: sie redeten zu Dritten nichts Schlechtes übereinander. Es ging ihnen schon schwer über die Lippen, mit den Richtern, dem Anwalt oder den Zeugen das Allzupersönliche dieser Sache in lauten Worten zu bereden – bei jedem Wort aber, das nicht ganz und gar vonnöten war, schloß sich ihr Mund fest aufeinander. Es war dann uneingestanden und unbewußt wieder das triebhafte Gefühl, zusammenstehen zu müssen, um sich und ihre Art gegen fremde zudringliche Neugier zu bewahren.

*

Und dann war schließlich doch der Tag da, der das Urteil bringen sollte, Anna und Niß waren pünktlich zur Stelle, gönnten sich aber keinen Blick, sondern sahen steif und starr vor sich nieder.

Der Richter war froh, diese lächerliche Sache endlich zum Schluß bringen zu können – das Urteil wurde verlesen und sprach mit langatmiger Begründung Niß das Recht an die Tasse zu.

Anna Prozesser war von ihrem Stuhl aufgesprungen, aber über ihre erblaßten zitternden Lippen kam kein Laut. Als das letzte Wort verklang, stöhnte sie ein paarmal tief auf, daß es die Richter und den Schreiber durchfuhr. Und dann sah sie ihren Bruder an, der gerade und mit ruhigem Gesicht, aus dem eine tiefe innere Zufriedenheit plötzlich alle Spannung gelöst hatte, dastand.

»Niß«, sagte sie mit heiserer Stimme, »Niß... nun gehört sie ja wohl dir. Aber ich sag' dir, was ich dir damals sagte: sieh' zu, wie du sie kriegst!«

Und Anna Prozesser hatte plötzlich eine alte blauweiße Steinguttasse in der Hand, sah sie noch einen Augenblick schmerzlich liebevoll an und warf sie dann heftig zu Boden, daß die Scherben und Splitter weithin sprangen.

*

Niß Prozesser ging nach Haus. Sein Fuhrwerk hatte er rein vergessen in der Stadt. So wie er aus dem Gerichtssaal herausgekommen war, taumelnd, ganz und gar verstört, den Hut in der Hand, ging er noch immer vorwärts auf der Chaussee. Nach und nach ordneten sich seine wilden Gedanken etwas, kehrten in einer gewissen Regelmäßigkeit wieder.

So war nun das Recht auf seiner Seite. Und war doch kein Recht – denn das, was es ihm zusprach, konnte es ihm nicht verschaffen. Es war machtlos, ohnmächtig gegenüber dem Unrecht, das aller Gebote, Gesetze und Urteile lachte und einfach das zerstörte und vernichtete, was ihm zugesprochen wurde.

So war es ihm noch nie ergangen – immer, wenn das

Gesetz entschieden hatte, mochte es nun für oder wider ihn gewesen sein, hatte er sich dem schließlich gebeugt – auch mit seiner Einsicht. Und dann war geschehen, wie es das Recht wollte – von ihm oder von der Gegenseite.

Und nun? Wie ein armer Narr kam er sich vor – er und die Richter und das ganze Recht und Gesetz dazu. Anna hatte sie alle samt und sonders zum Narren gehabt. Anna war die Stärkere – Anna war das Leben, das einfach rücksichtslos und unbekümmert über ihn und sein zugesprochenes, sein papiernes Recht, über die so lächerlich laut und feierlich redenden Gesetze wegschritt – als ob es Luft wäre, ein Nichts, ein kraftloser Hauch, die flüchtige Einbildung eines Fiebernden.

Und diesem Recht, das die Schwester so zur Seite schob mit einer verächtlichen Handbewegung, diesem Recht hatte sein ganzes Leben gegolten, dem hatte er sich verschrieben wie eine arme Seele dem Teufel – Niß griff unwillkürlich mit beiden Händen um sich, als müsse er irgend einen Halt suchen in dem wahnsinnigen Wirbel, der ihn mitreißen wollte.

So kam er zu Hause an, ging durch die Räume, über den Hof, brachte auch den Mund auseinander zu einigen Fragen an die Leute. Nebenher aber horchte seine Seele immer verwundert dem Klang seiner Stimme nach, als wäre das etwas gar nicht zu Fassendes, daß Niß noch sprach und sich bewegte wie gestern und ehegestern.

*

Am Abendbrottisch saß ihm die Haushälterin gegenüber. Das Gerücht von Anna Prozessers Tat war bereits auf den Hof gelaufen – Lene Nebbs hätte sich den Mund verbrannt, hätte sie zu diesem Unerhörten geschwiegen. Erst leise und vorsichtig abwägend gab sie dem Bauern ihre Meinung zu wissen, dann, als er schwieg und kaum aufsah, wurde sie kühner; sie rückte ihm näher und versuchte ihn zu trösten – schließlich berührte ihre Hand, ihr weicher Arm zärtlich den seinen. Niß ließ sich auch das gefallen – ja ein wunderlicher Blick glitt über Lene Nebbs hin, der sie auf einmal voller Gottlob sein ließ.

Bis er dann plötzlich aufsprang, den Stuhl zurückschleuderte, ein »Pfui Teufel!« herausstieß und hinausging.

Ne, ne – das war doch nichts für ihn – jetzt noch heiraten, Lene Nebbs zu heiraten! Wenn man so mit sich selbst und seinem Eigenen in den Dreck gekarrt ist – da sollte man wohl eigentlich genug haben. Und wer weiß – ihm war ja, als sei ihm auf einmal ein Tuch vor den Augen weggerissen und er sähe jetzt allen Dingen auf den Grund – die Lene gehörte auch zu dem Menschheitsteil, der sich schließlich im letzten Augenblick sein Recht selber schreibt und selber nimmt. Er fühlte sich dem nicht gewachsen – er stand noch immer unter einem anderen, einem größeren, und wo das nicht unbedingt und ausschließlich gebot, war für Niß keine Wegspur mehr...

Ein paar Türen klapperten hart und kurz hinter ihm zu. Die Bodentreppe ächzte schwer und verdrossen unter seinem Tritt – – –

Noch am selben Abend fanden sie Niß Prozesser erhängt im Hahnenbalken seines Hauses.

ALBERT PETERSEN

Die große Flut 1634

Wurde an diesem Tage irgendwo auf Gottes Erde eine neue katalaunische Schlacht geschlagen? Glüht der Abendhimmel rot vom Blut der einhundertsechzigtausend Erschlagenen? Kämpfen die Geister der Toten weiter am fernen Himmel mit blitzenden Waffen? Oder ziehen die gefallenen Hunnen ihrem geschlagenen Heere nach ins weite Pannonien? War's nicht erst nur wie ein düsteres Späherhäuflein im weitfernen Nordwesten? Und wuchs – wuchs zu einer schnellen Reiterschar, bis es wie ein satteldrückendes Volk heranjagte mit grollend donnerndem, millionenfachen Hufgestampfe?

Immermehr verdüstert sich der Himmel, immer greller zucken die schnellen Blitzschwerter. Immer lauter poltert es in den Wolken. Verdeckt ist die Abendsonne, verhüllt der gelbgoldige Westhimmel. Jäh abgebrochen der letzte verspätete Sommerabend. Huuu... gellt der Schlachtruf – erschütternd, angsteinjagend. Der erste Windstoß. Schwere Tropfen, in kurzer Minute zu prasselndem Regen wachsend. Knatternd fegt der Nordwest. Lärmend schreit, brüllt der Sturm.

Millionen Wellen trägt der Nordseegrund. Abermillionen Riesenwogen drohen im fernen Weltmeer. Und Raum genug ist zwischen Skandinaviens Fjorden und Kap Duncansby, daß der wilde Nordwest die Nordsee anfüllen kann, daß sie voll ist zum Überlaufen. Stark genug sind die Eisenarme des Nordwestorkans, seine Beute festzuhalten, daß er die Stunden des Tiefwasserstandes verlache.

Mit fletschenden Zähnen beißen die widerwillig gefangenen, zurückgehaltenen Weltmeerwogen in die Deiche. Höher steigen die gischtsprühenden Tropfentürme, als wollten sie hinan zu den niedrighängenden Wolken, zu dem düsteren Oktoberabendhimmel.

Brüllend wie aus abertausend Raubtierkehlen lärmt das Meer gegen das weite Nordstrand.

Aber was noch nicht faul oder besoffen im tiefsten Schnarchen liegt, brummt gleichgültig: »Na, der erste Herbststurm.«

Aber Ebbzeit ist's, und die Wogen spritzen bis auf die Deichkämme. Ebbzeit ist's, aber stärkster Nordwest.

In den Gärten knicken die Apfelbäume, vor den Häusern und auf den Kirchhöfen ächzen die Linden und Ulmen. Die Hauswände beben, und in den Eichensparren jammern die Hausgeister, als ahnten sie Unheil.

Da – von einem Stranddorfe sprüht roter Feuerschein. Wimmern irgendwo Sturmglocken? Schreit jemand um Hilfe? Befiehlt ein Strandvogt: Ausrücken auf Deichwacht!

»Unsinn, Unsinn, gute Nacht. Schlaft. Haha, trutz, blanke Hans! Wir haben unsre Deiche!«

Wie grimmig die Wogen sich heranwälzen. Wie der Sturm knattert, brüllt. Wie sie donnern, Wellen und Wind, in gewaltig schrecklichem Orgelspiel.

Hört ihr, wie sie brausend singen – ein uralt Lied. Hört ihr's?

»...da ist der Tag, da aufbrachen alle Brunnen der großen Tiefe, und taten sich auf die Fenster des Himmels, und kam ein Regen auf Erden, vierzig Tage und vierzig Nächte... Und das Gewässer nahm überhand... Da ging alles Fleisch unter, das auf Erden kriechet, an Vögeln, an Vieh, an Tieren und an allem, das sich reget auf Erden und an allen Menschen. Alles, was einen lebendigen Odem hatte im Trocknen, das starb...«

Hört ihr den wuchtig zermalmenden, urteilgrollenden Sang: »Da ließ der Herr Schwefel und Feuer regnen von dem Herrn vom Himmel herab auf Sodom und Gomorra. Und kehrte die Städte um, und die ganze Gegend, und alle Einwohner der Städte und was auf dem Lande gewachsen war...«

Und plötzlich hebt es an zu läuten, klagend, wimmernd. Sind es die Glocken von Rungholt? Die Sturmglocken der bald dreihundert Jahre unter den Wogen schlummernden Stadt? Hört ihr das wahnsinnig gellende Lachen der betrunkenen Rungholter, wie sie den Gottesmann verleiten, einer verkleideten Sau den Kelch des Herrn zu reichen? Hört ihr seinen Fluch?

Und dazwischen wettert's immer wieder – wie mit des Bupseer Kirchherrn Stimme: »Herr, laß es untergehen, dieses Otterngezücht.«

He, betet da nicht der Hofprediger in der Gottorper

Schloßkapelle: »So hoch ihre Deiche über dem Wasserspiegel ragen, so tief möge das Meer sie herabreißen.«
Wilde Stimmen sind laut auf dem wütenden Meer.

Im Gotteshause drängen sich die Leute. So voll war die Kirche seit Jahren nicht.
»Das Wasser steigt noch«, schreit einer.
Der Kirchherr drängt sich durch die Menge.
Oben auf der Kanzel kauern ein paar Ängstliche.
Aus der Luke des Turmes streckt ein Graukopf das Haupt und blickt dann und wann grinsend in die Kirche hinab. Gestern war der Exekutor zur Pfändung bei ihm, und heute haben ihn seine bisherigen Zechgenossen, in deren Gesellschaft er seinen Hof verspielte, aus Mitleid oder Hohn noch einmal ausgiebig freigehalten. Er glotzt nach der Gegend hin, wo sein stolzer Hof liegen muß, und meckert lallend: »Hihihi, nun wischt die Flut bald die Pfandsiegel ab, hihi –«
Hoch aufgerichtet steht Herr Cypraeus am Altar. Wie ihn das angstvolle Geraune, das Wimmern und Jammern anwidert. Ach, wie kleinmütig sind sie jetzt, diese großmäuligen Bupseer.
»Das Wasser steigt. Hu, fest die Tür zu!«
Aber durch die Fugen rinnt es schon in dünnen rieselnden Bächlein.
Laut rauschend schlagen die Wogen gegen die Tür.
Draußen brüllt einer: »Macht auf! Laßt mich herein.«
Aber sie wagen es nicht, und der Betrunkene meckert vom Turm herab: »Versauf doch, hihi. Hast mir so viele blanke Taler im Würfeln abgenommen hihi –«

Hoch aufgerichtet steht Herr Cypraeus. Und drohender noch als sonst donnert seine Stimme durch die Kirche: »Was starrt ihr so bleich, was jammert ihr so erbärmlich. Omnis vita supplicium est, mare inquietum, mors portus. Also sogar der Heide Seneca wußte, daß der Tod der Hafen ist, in dem wir Ruhe finden werden. Und ihr wollt Christen sein? Nein, gerade weil ihr so elend schlechte Christen waret, wißt ihr, daß euch der Tod nicht der Hafen ist, in den ihr zuversichtlich einlaufen dürft, um ins Land der Seligen zu gelangen. Ach Herr –«

Er stockt. Was war's? Rief nicht eine weibliche Stimme seinen Namen? Die Geliebte in Seenot? Oder noch am Strande? Sie stirbt.

Leichenblaß steht Cypraeus. In ihm ist die Gewißheit: in diesem Augenblick ist sie gestorben. Der Herr hat mich gestraft. Ich hatte gesündigt, da ich sie in Gedanken begehrte, als sie noch des andern Weib war.

In wildem Schmerz reckt er die gefalteten Hände empor und betet leidenschaftlich: »Ja, Herr, wir waren elende Sünder allzumal. Mach, daß dein Meer uns alle verschlinge. Strafe uns Unwürdige, uns alle in deinem Zorn, Herr, du großer Gott!«

»Pfaff, bete für unsere Rettung«, schreit einer in heiserer, wahnsinniger Angst.

Ein gellendes hohnvolles Lachen ist die Antwort.

»Rettung? Ach, ihr Törichten. Der Himmel wird uns gewißlich nicht retten.«

Ein Stöhnen durchzittert die angstgequälte Herde.

»Hört ihr?« brüllt ein riesenhafter Kerl, »hört ihr? Er sagt, der Himmel hilft uns nicht. So soll die Hölle uns helfen. Wir wollen dem Teufel opfern. Den Pfaffen wollen wir opfern, Freunde.«

Irrsinnig lachend schlägt er die Tatzen um des Kirchherrn Hals, gräbt dem sich Wehrenden die Finger ins Fleisch, bis Cypraeus leblos zusammenbricht.

»Satan, so hilf uns!«

»Sinkt die Flut?« schreit jemand angstvoll zum Turm hinauf.

»Hihi, ich glaube – ja –«

Ein Jauchzen durchbraust den Raum. Man umhalst und küßt sich, weint vor Freude.

Am Altar an des Kirchherrn Leiche kniet die treue Alte und betet in heißem Schluchzen.

Da schreit oben der Betrunkene gellend auf.

»Nein, hu –, nein, das Wasser steigt –«

»Du lügst, Hund! Schlagt ihn tot; er lügt!«

»Nein, hu – die Welle – da – –«

Das feste Tor bebt, kracht, springt auf. Und dann – Gischt – Wasser – Wasser – Wehrufe – Sterben –.

Der Morgen graut. Der Sturm hat sich zur Ruhe gelegt. Aber des Meeres Herzschlag ist noch ungestüm nach ungeheuerlichster Erregung. Und wie unter schnellen, stoßweisen Atemzügen rollen die Wogen.

Harmlos, unschuldig blau wölbt sich der Himmel.

Das goldig strahlende Weltauge blickt von Osten her, sucht vergeblich das große fruchtstrotzende Land, diese Krone der Königin Nordsee, die reichste und größte aller Inseln Deutschlands. Sieht auf das gewaltig schreckliche Bild, auf den grausigsten Meertotentanz der Menschengeschichte seit der biblischen Sintflut.

Allein mit über sechstausend Nordstrander Leichen spielen die kalten Seejungfern Fangball. Mit fünfzigtausend Rindern, die Nordstrander Boden nährte, füllt sich Ägirs unersättliche Küche.

Seetang in triefenden Haaren, Seegras und tausend bleiche Stirnen, gieriger Möwenschrei über todblassen Gesichtern und naßglänzenden Menschengliedern.

Voller Lasten ist die See, voller Hausrat, Dachsparren, Wagenbretter, Mühlenflügel, Strohdachreste. Und hier und da treibt noch ein warmlebender Körper, bis auch seine erschlaffenden Finger eine hartnäckige Woge von der rettenden Planke löst.

In hohem Geäst brüllt bellend ein Seehund, den eine Riesenwoge hinaufwarf und zwischen zwei zähe Eschenäste klemmte.

Eine kunstvoll geschnitzte Truhe wiegt sich auf der Flut. Wie Hohn leuchtet der gelb gemalte Spruch:

»Di erinner
In miene Inner
Töwet en Daler för Tieden der Nod.
Dat walte God.«

Und da schaukelt ein mit roter Plüschdecke versehener Altartisch, und mit goldenen Nägeln darauf befestigt schwankt ein hoher silberner Crucifixus, als hätte der sterbende Heiland all den Scheidenden Trost gewähren wollen. Dann aber hakt die knallrote Wolljacke einer treibenden Spielpuppe mit fratzenhaft geschnitztem Gesich an einem der Handnägel fest, und – ach, wie würden die tollen Nordstrander höhnend darüber lachen, wie sich diese närrisch plumpe Weibsfigur zärtlich an den

Gekreuzigten schmiegt, wenn ihnen nicht für ewig der Mund verstummt wäre.

Die Leiche eines Fastlander Pflugjungen. Wie hatten seine Kameraden, die nach der Ernte wieder in die armselige Heidekate ihrer Eltern entlassen wurden, ihn beneidet, daß er bei den Specktellern auf dem Großbauernhof bleiben durfte. Jetzt schlägt in ihnen noch warmes, erwartungsreiches Leben.

Ein großer Fetzen Damast – wohl ein Tischtuch, das von einer Festtafel gerissen wurde, wogt ausgebreitet auf der ruhlosen Flut, und mitten darauf liegt eine dunkelrote Rose, mit ihren Dornspitzen sich anklammernd, die letzte Herbstrose des einstigen Groß-Nordstrand. Und er, der sie brach, treibt als Leichnam irgendwo, und sie, die sie als Zeichen seiner Liebe erhielt, schrie gellend hilfeheischend seinen Namen, bis ein Wogenarm sie an die Meerbrust preßte.

Wie ein vollbehängter Kleiderständer treibt die Leiche der alten Gaikebüller Hebamme, die sechs Röcke übereinander zu tragen pflegte. Sie hatte sich aufgemacht und beim Verlassen ihrer Kate vergnügt in sich hineingeschmunzelt: »Ich will einem Menschlein zum Leben verhelfen.« Aber der blanke Hans verhalf ihr zum Sterben. Und ein junges Weib lag indessen wildklagend da, glaubte die Schmerzen nicht länger ertragen zu können und schrie in sinnlos machender Qual: »Herrgott, laß mich sterben.« Und schaumfetzenumhüllt trat der Tod an ihren Alkoven und erhörte das nicht ernst gemeinte Gebet.

In schaukelnder Wiege klatscht ein harmloses Kindchen, entzückt über das schaumglitzernde Wogenspiel, die drallen Händchen zusammen. Doch ein schwimmender Sarg mit den protzig goldenen Lettern: »Ruhe geborgen vor den Lebensstürmen« stößt gegen das lustige Kinderlager und kippt es um.

Weiterhin, einsam, als würde er noch jetzt gemieden, treibt ein anderer Sarg. Rauhes, unbekleidetes Holz, auf dem das grausame Wort stand: Selbstmörderin. Die Arme – zu zartbesaitet für Nordstrand – hatte sich das Leben genommen, weil der Priester sie nur ohne Kranz und Schleier trauen wollte. Jetzt hat sich zarter weißer Stoff an den Sargkanten gefangen, und eine grüne Seegrasranke klebt daran, als trüge jetzt wenigstens ihr Sarg den Jungfernschmuck.

Ja, auch die Friedhöfe wühlte das zügellose Meer auf.

Nun wird der alte Seefahrer Uwe Thadsen, den seine Töchter trotz ihres festen Versprechens, ihn ins Meer zu senken, doch auf dem Lande begraben ließen, sein ersehntes Wellengrab finden.

Und der alte Sünder Tomme Bleiken aus Stintebüll, der zu jammern pflegte: »Das schlimmste am Totsein ist die trocken bleibende Kehle«, wird doch auch jetzt noch von Feuchtigkeit umgeben sein.

Leichen überall, überall Bilder der Vernichtung.

Hinter einer barmherzigen Wolke verhüllt die strahlende Lebensspenderin für Augenblicke ihr Antlitz ob all der schauerlichen Verwüstung.

THEODOR STORM

Eisboseln

Es war im Januar von Haukes drittem Dienstjahr, als ein Winterfest gehalten werden sollte; »Eisboseln« nennen sie es hier. Ein ständiger Frost hatte beim Ruhen der Küstenwinde alle Gräben zwischen den Fennen mit einer festen ebenen Kristallfläche belegt, so daß die zerschnittenen Landstücke nun eine weite Bahn für das Werfen der kleinen, mit Blei ausgegossenen Holzkugeln bildeten, womit das Ziel erreicht werden sollte. Tagaus, tagein wehte ein leichter Nordost: alles war schon in Ordnung; die Geestleute in dem zu Osten über der Marsch belegenen Kirchdorf, die im vorigen Jahr gesiegt hatten, waren zum Wettkampf gefordert und hatten angenommen; von jeder Seite waren neun Werfer aufgestellt; auch der Obmann und die Kretler waren gewählt. Zu letzteren, die bei Streitfällen über einen zweifelhaften Wurf miteinander zu verhandeln hatten, wurden allezeit Leute genommen, die ihre Sache ins beste Licht zu rücken verstanden, am liebsten Burschen, die außer gesundem Menschenverstand auch noch ein lustig Mundwerk hatten. Dazu gehörte vor allen Ole Peters, der Großknecht des Deichgrafen. »Werft nur wie die Teufel«, sagte er; »das Schwatzen tu ich schon umsonst!«

Es war gegen Abend vor dem Festtag; in der Nebenstube des Kirchspielkruges droben auf der Geest war eine Anzahl von den Werfern erschienen, um über die Aufnahme einiger zuletzt noch Angemeldeten zu beschließen. Hauke Haien war auch unter diesen; er hatte erst nicht wollen, obschon er seiner wurfgeübten Arme sich wohl bewußt war, aber er fürchtete, durch Ole Peters, der einen Ehrenposten in dem Spiel bekleidete, zurückgewiesen zu werden; die Niederlage wollte er sich sparen. Aber Elke hatte ihm noch in der elften Stunde den Sinn gewandt. »Er wird's nicht wagen, Hauke«, hatte sie gesagt; »er ist ein Tagelöhnersohn; dein Vater hat Kuh und Pferd und ist dazu der klügste Mann im Dorf!«

»Aber, wenn er's dennoch fertigbringt?«

Sie sah ihn halb lächelnd aus ihren dunklen Augen an. »Dann«, sagte sie, »soll er sich den Mund wischen, wenn er abends mit seines Wirts Tochter zu tanzen denkt!« – Da hatte Hauke ihr mutig zugenickt.

Nun standen die jungen Leute, die noch in das Spiel hineinwollten, frierend und fußtrampelnd vor dem Kirchspielskrug und sahen nach der Spitze des aus Felsblöcken gebauten Kirchturms hinauf, neben dem das Krughaus lag. Des Pastors Tauben, die sich im Sommer auf den Feldern des Dorfes nährten, kamen eben von den Höfen und Scheuern der Bauern zurück, wo sie sich jetzt ihre Körner gesucht hatten, und verschwanden unter den Schindeln des Turmes, hinter welchen sie ihre Nester hatten; im Westen über dem Haff stand ein glühendes Abendrot.

»Wird gut Wetter morgen!« sagte der eine der jungen Burschen und begann heftig auf und ab zu wandern;

»aber kalt! kalt!« Ein zweiter, als er keine Taube mehr fliegen sah, ging in das Haus und stellte sich horchend neben die Tür der Stube, aus der jetzt ein lebhaftes Durcheinanderreden herausscholl; auch des Deichgrafen Kleinknecht war neben ihn getreten. »Hör, Hauke«, sagte er zu diesem; »nun schreien sie um dich!« Und deutlich hörte man von drinnen Ole Peters' knarrende Stimme: »Kleinknechte und Jungens gehören nicht dazu!«

»Komm«, flüsterte der andre und suchte Hauke am Rockärmel an die Stubentür zu ziehen, »hier kannst du lernen, wie hoch sie dich taxieren!«

Aber Hauke riß sich los und ging wieder vor das Haus. »Sie haben uns nicht ausgesperrt, damit wir's hören sollen!« rief er zurück.

Vor dem Hause stand der dritte der Angemeldeten. »Ich fürcht, mit mir hat's einen Haken«, rief er ihm entgegen; »ich hab kaum achtzehn Jahre; wenn sie nur den Taufschein nicht verlangen! Dich, Hauke, wird dein Großknecht schon herauskreteln!«

»Ja, heraus!« brummte Hauke und schleuderte mit dem Fuße einen Stein über den Weg; »nur nicht hinein!«

Der Lärm in der Stube wurde stärker; dann allmählich trat eine Stille ein; die draußen hörten wieder den leisen Nordost, der sich oben an der Kirchturmspitze brach. Der Horcher trat wieder zu ihnen. »Wen hatten sie da drinnen?« frug der Achtzehnjährige.

»Den da!« sagte jener und wies auf Hauke: »Ole Peters wollte ihn zum Jungen machen; aber alle schrien dagegen. ›Und sein Vater hat Vieh und Land‹, sagte Jeß Hansen. ›Ja, Land‹, rief Ole Peters, ›das man auf dreizehn Karren wegfahren kann!‹ – Zuletzt kam Ole Hensen. ›Still da!‹ schrie er; ›ich will's euch lehren: sagt nur, wer ist der erste Mann im Dorf?‹ Da schwiegen sie erst und schienen sich zu besinnen; dann sagte eine Stimme: ›Das ist doch wohl der Deichgraf!‹ Und alle anderen riefen: ›Nun ja, unserthalb der Deichgraf!‹ – ›Und wer ist denn der Deichgraf?‹ rief Ole Hensen wieder; ›aber nun bedenkt euch recht!‹ – – Da begann einer leis zu lachen, und dann wieder einer, bis zuletzt nichts in der Stube war als lauter Lachen. ›Nun, so ruft ihn‹, sagte Ole Hensen; ›ihr wollt doch nicht den Deichgrafen von der Tür stoßen!‹ Ich glaub, sie lachen noch; aber Ole Peters' Stimme war nicht mehr zu hören!« schloß der Bursche seinen Bericht.

Fast in demselben Augenblick wurde drinnen im Hause die Stubentür aufgerissen, und: »Hauke! Hauke Haien!« rief es laut und fröhlich in die Nacht hinaus.

Da trabte Hauke in das Haus und hörte nicht mehr, wer denn der Deichgraf sei; was in seinem Kopfe brütete, hat indessen niemand wohl erfahren.

– – Als er nach einer Weile sich dem Hause seiner Herrschaft nahte, sah er Elke drunten am Heck der Auffahrt stehen, das Mondlicht schimmerte über die unermeßliche weißbereifte Weidefläche. »Stehst du hier, Elke?« frug er.

Sie nickte nur. »Was ist geworden?« sagte sie; »hat er's gewagt?«

– »Was sollt er nicht!«

»Nun, und?«

– »Ja, Elke; ich darf es morgen doch versuchen!«
»Gute Nacht, Hauke!« Und sie lief flüchtig die Werfte hinan und verschwand im Hause.
Langsam folgte er ihr.

Auf der weiten Weidefläche, die sich zu Osten an der Landseite des Deiches entlangzog, sah man am Nachmittag darauf eine dunkle Menschenmasse bald unbeweglich stillestehen, bald, nachdem zweimal eine hölzerne Kugel aus derselben über den durch die Tagessonne jetzt von Reif befreiten Boden hingeflogen war, abwärts von den hinter ihr liegenden langen und niedrigen Häusern allmählich weiterrücken; die Parteien der Eisbosler in der Mitte, umgeben von alt und jung, was mit ihnen, sei es in jenen Häusern oder in denen droben auf der Geest, Wohnung oder Verbleib hatte; die älteren Männer in langen Röcken, bedächtig aus kurzen Pfeifen rauchend, die Weiber in Tüchern und Jacken, auch wohl Kinder an den Händen ziehend oder auf den Armen tragend. Aus den gefrorenen Gräben, welche allmählich überschritten wurden, funkelte durch die scharfen Schilfspitzen der bleiche Schein der Nachmittagssonne; es fror mächtig, aber das Spiel ging unablässig vorwärts, und aller Augen verfolgten immer wieder die fliegende Kugel, denn an ihr hing heute für das ganze Dorf die Ehre des Tages. Der Kretler der Parteien trug hier einen weißen, bei den Geestleuten einen schwarzen Stab mit eiserner Spitze; wo die Kugel ihren Lauf geendet hatte, wurde dieser, je nachdem, unter schweigender Anerkennung oder dem Hohngelächter der Gegenpartei in den gefrorenen Boden eingeschlagen, und wessen Kugel zuerst das Ziel erreichte, der hatte für seine Partei das Spiel gewonnen.

Gesprochen wurde von all den Menschen wenig; nur wenn ein Kapitalwurf geschah, hörte man wohl einen Ruf der jungen Männer oder Weiber; oder von den Alten einer nahm seine Pfeife aus dem Mund und klopfte damit unter ein paar guten Worten den Werfer auf die Schulter: »Das war ein Wurf, sagte Zacharies und warf sein Weib aus der Luke!« oder: »So warf dein Vater auch; Gott tröst ihn in der Ewigkeit!« oder was sie sonst für Gutes sagten.

Bei seinem ersten Wurfe war das Glück nicht mit Hauke gewesen: als er eben den Arm hinten ausschwang, um die Kugel fortzuschleudern, war eine Wolke von der Sonne fortgezogen, die sie vorhin bedeckt hatte, und diese traf mit ihrem vollen Strahl in seine Augen; der Wurf wurde zu kurz, die Kugel fiel auf einen Graben und blieb im Bummeis stecken.

»Gilt nicht! Gilt nicht! Hauke, noch einmal«, riefen seine Partner.

Aber der Kretler der Geestleute sprang dagegen auf: »Muß wohl gelten; geworfen ist geworfen!«

»Ole! Ole Peters!« schrie die Marschjugend. »Wo ist Ole? Wo, zum Teufel, steckt er?«

Aber er war schon da. »Schreit nur nicht so! Soll Hauke wo geflickt werden! Ich dacht's mir schon.«

– »Ei was! Hauke muß noch einmal werfen; nun zeig, daß du das Maul am rechten Fleck hast!«

»Das hab ich schon!« rief Ole und trat dem Geestkretler gegenüber und redete einen Haufen Galimathias aufeinander. Aber die Spitzen und Schärfen, die sonst aus seinen Worten blitzten, waren diesmal nicht dabei. Ihm zur Seite stand das Mädchen mit den Rätselbrauen und sah scharf aus zornigen Augen auf ihn hin; aber reden durfte sie nicht, denn die Frauen hatten keine Stimme in dem Spiel.

»Du leierst Unsinn«, rief der andere Kretler, »weil dir der Sinn nicht dienen kann! Sonne, Mond und Sterne sind für uns alle gleich und allezeit am Himmel; der Wurf war ungeschickt, und alle ungeschickten Würfe gelten!«

So redeten sie noch eine Weile gegeneinander; aber das Ende war, daß nach Bescheid des Obmanns Hauke seinen Wurf nicht wiederholen durfte.

»Vorwärts!« riefen die Geestleute, und ihr Kretler zog den schwarzen Stab aus dem Boden, und der Werfer trat auf seinen Nummerruf dort an und schleuderte die Kugel vorwärts. Als der Großknecht des Deichgrafen dem Wurfe zusehen wollte, hatte er an Elke Volkerts vorbeimüssen. »Wem zuliebe ließest du heut deinen Verstand zu Hause?« raunte sie ihm zu.

Da sah er sie fast grimmig an, und aller Spaß war aus seinem breiten Gesichte verschwunden. »Dir zulieb!« sagte er, »denn du hast deinen auch vergessen!«

»Geh nur; ich kenne dich, Ole Peters!« erwiderte das Mädchen, sich hoch aufrichtend; er aber kehrte den Kopf ab und tat, als habe er das nicht gehört.

Und das Spiel und der schwarze und weiße Stab gingen weiter. Als Hauke wieder am Wurf war, flog seine Kugel schon so weit, daß das Ziel, die große weißgekalkte Tonne, klar in Sicht kam. Er war jetzt ein fester junger Kerl, und Mathematik und Wurfkunst hatte er täglich während seiner Knabenzeit getrieben. »Oho, Hauke!« rief es aus dem Haufen; »das war ja, als habe der Erzengel Michael selbst geworfen!« Eine alte Frau mit Kuchen und Branntwein drängte sich durch den Haufen zu ihm; sie schenkte ein Glas voll und bot es ihm. »Komm«, sagte sie, »wir wollen uns vertragen: das heut ist besser, als da du mir die Katze totschlugst!« Als er sie ansah, erkannte er, daß es Trin' Jans war. »Ich dank dir, Alte«, sagte er; »aber ich trink das nicht.« Er griff in seine Tasche und drückte ihr ein frischgeprägtes Markstück in die Hand. »Nimm das und trink selber das Glas aus, Trin'; so haben wir uns vertragen!«

»Hast recht, Hauke!« erwiderte die Alte, indem sie seiner Anweisung folgte; »hast recht; das ist auch besser für ein altes Weib wie ich!«

»Wie geht's mit deinen Enten?« rief er ihr noch nach, als sie sich schon mit ihrem Korbe fortmachte; aber sie schüttelte nur den Kopf, ohne sich umzuwenden, und patschte mit ihren alten Händen in die Luft. »Nichts, nichts, Hauke; da sind zu viele Ratten in euren Gräben; Gott tröst mich; man muß sich anders nähren!« Und somit drängte sie sich in den Menschenhaufen und bot wieder ihren Schnaps und ihre Honigkuchen an.

Die Sonne war endlich schon hinter den Deich hinabgesunken; statt ihrer glimmte ein rotvioletter Schimmer empor; mitunter flogen schwarze Krähen vorüber und waren auf Augenblicke wie vergoldet, es wurde Abend. Auf den Fennen aber rückte der dunkle Menschentrupp noch immer weiter von den schwarzen, schon fern liegenden Häusern nach der Tonne zu; ein besonders tüchtiger Wurf mußte sie jetzt erreichen können. Die Marschleute waren an der Reihe; Hauke sollte werfen.

Die kreidige Tonne zeichnete sich weiß in dem breiten Abendschatten, der jetzt von dem Deiche über die Fläche fiel. »Die werdet ihr uns diesmal wohl noch lassen!« rief einer von den Geestleuten, denn es ging scharf her; sie waren um mindestens ein Halbstieg Fuß im Vorteil.

Die hagere Gestalt des Genannten trat eben aus der Menge; die grauen Augen sahen aus dem langen Friesengesicht vorwärts nach der Tonne; in der herabhängenden Hand lag die Kugel.

»Der Vogel ist dir wohl zu groß«, hörte er in diesem Augenblick Ole Peters' Knarrstimme dicht vor seinen Ohren; »sollen wir ihn um einen grauen Topf vertauschen?«

Hauke wandte sich und blickte ihn mit festen Augen an. »Ich werfe für die Marsch!« sagte er. »Wohin gehörst denn du?«

»Ich denke, auch dahin, du wirfst doch wohl für Elke Volkerts!«

»Beiseit!« schrie Hauke und stellte sich wieder in Positur. Aber Ole drängte mit dem Kopf noch näher auf ihn zu. Da plötzlich, bevor noch Hauke selber etwas dagegen unternehmen konnte, packte den Zudringlichen eine Hand und riß ihn rückwärts, daß der Bursche gegen seine lachenden Kameraden taumelte. Es war keine große Hand gewesen, die das getan hatte; denn als Hauke flüchtig den Kopf wandte, sah er neben sich Elke Volkerts ihren Ärmel zurechtzupfen, und die dunkeln Brauen standen ihr wie zornig in dem heißen Antlitz.

Da flog es wie eine Stahlkraft in Haukes Arm; er neigte sich ein wenig, er wiegte die Kugel ein paarmal in der Hand; dann holte er aus, und eine Todesstille war auf beiden Seiten; alle Augen folgten der fliegenden Kugel, man hörte ihr Sausen, wie sie die Luft durchschnitt; plötzlich, schon weit vom Wurfplatz, verdeckten sie die Flügel einer Silbermöwe, die, ihren Schrei ausstoßend, vom Deich herüberkam; zugleich aber hörte man es in der Ferne an die Tonne klatschen. »Hurra für Hauke!« riefen die Marschleute, und lärmend ging es durch die Menge: »Hauke! Hauke Haien hat das Spiel gewonnen!«

Der aber, da ihn alle dicht umdrängten, hatte seitwärts nur nach einer Hand gegriffen; auch da sie wieder riefen: »Was stehst du, Hauke? Die Kugel liegt ja in der Tonne!«, nickte er nur und ging nicht von der Stelle; erst als er fühlte, daß sich die kleine Hand fest an die seine schloß, sagte er: »Ihr mögt schon recht haben; ich glaube auch, ich hab gewonnen!«

FELIX SCHMEISSER

Friesische Gesichte

Viele waren im alten Nordfriesland, die die unselige Gabe des zweiten Gesichts hatten. Sterbe- und Unglücksfälle, Sturmfluten und Kriegsjahre, ja, selbst ein rätselhaftes, dampfendes, brausendes Ungeheuer – die Eisenbahn – haben sie gesehen, als noch keiner davon wußte.

Heute hört man immer seltener und fast nur noch von ganz alten Leuten davon erzählen.

Warum? Hat der Löwe der neuen Zeit, das Pfeifen der Lokomotive und das Heulen der Dampfsirene, das oft bis in die entferntesten Menschenwinkel hallt, die unheimlichen Nebelgesichte vertrieben, sieht der Friese sie nicht mehr, oder hält er sie aus Furcht vor Unglauben und Spott vor der Welt ängstlich verschlossen? Ich glaube das letztere, denn ich weiß, daß das »Spökenkiken« noch heute in Nordfriesland zu Hause ist, weiß es durch Geschehnisse aus meinem eigenen Leben.

Das erste liegt weit zurück in meiner Knabenzeit; fünfzig Jahre sind darüber verflossen, und doch steht es vor mir, als wäre es gestern gewesen.

Es ist ein freundlicher, sonniger Herbsttag in der Nordfriesischen Marsch – die Lerchen jubeln in der Luft, gedämpft klingt von den Fennen das Brüllen der weidenden Rinder, und über den Gräben kreischen und rufen die Seeschwalben und die schwarz-weißen Kiebitze. Ich stehe vor der Werft meines Elternhauses und schöpfe Wasser für das Vieh aus der breiten, schilfumsäumten Grafft, über der die Zweige der alten Eschen hängen und die Mücken im Sonnenschein tanzen. Eimer auf Eimer reiche ich unserem alten Knechte zu, der sie oben in der Ferne in den uralten, als Tränktrog dienenden Steinsarg gießt.

Jedesmal, wenn ich beim Hinaufnehmen meinen Kopf über die Böschung der Grafft erhebe, fällt mein Blick auf die weite, grüne Marschenfläche, die in der Ferne durch eine Gruppe von drei im Grün ihrer Gärten an einem alten Binnendeich liegenden Friesenhäusern begrenzt wird.

Eben will ich den letzten Eimer hinauf reichen, als ich das mittlere der drei Häuser hell und deutlich in Rauch und Flammen stehen sehe.

»Bandik, Bandik«, rufe ich aufgeregt dem Alten zu, »kik blots mal na Norden, Krischan Edlefsens Hus steiht jo mit eenmal in'n Gläs!« Bandik blickt dort hinüber, schüttelt aber sofort den Kopf und meint vorwurfsvoll: »Payn, dat is en slechte Witz, sowat dört man nich seggen!«

»Awer so kiek doch, dat brennt doch wirklich«, antwortete ich aufgebracht. Doch – was ist das – mitdem sehe auch ich kein Feuer mehr; freundlich und unversehrt liegt Christian Edlefsens Haus wieder in seinen Bäumen.

»Awers dat is ganz gewiß, ewen hett dat dor brennt«, beteure ich Bandik.

Der sieht mich eine Weile forschend an, dann sagt er ernsthaft: »Jo, denn is dat Vöröwen wesen.«

Im nächsten Herbst bin ich eines Sonntags nach Niebüll zum Jahrmarkt gegangen. Als ich am Abend heimkehre sehe ich in der Ferne ein rotes Flammenmeer durch die Dämmerung lodern. Als ich unsere Werft erreiche, tritt mir der alte Bandik unter den Linden vor'm dunklen Hause entgegen: »Du hest doch recht hatt vöriges Johr, Payn; hüt Awend is Krüschen Edlefsens Hus dalbrennt!«

Das zweite – ich hoffe, daß es auch das letzte ist – erlebte ich dreißig Jahre später hier in Goting. In einer nebligen Oktobernacht wurden wir plötzlich jäh aus dem Schlafe gerissen; Nachbar Boysen stand vor unserem Hause, hämmerte gegen die Fensterläden und schrie: »Kamt gau to Hülp, kamt gau herut, Rörd Früdden hett sick op't Watt verlopen un schriggt buten üm Hülp, un um twee is Hochwater; de ist hüt awend noch nah de Wyk wesen un nadem to lat na sin Sticken gan.« Im Handumdrehen waren wir angekleidet, und wenige Minuten später schon standen meine Frau und ich mit ganz Goting zusammen auf dem Kliff und hörten die halbverwehten Hilfeschreie aus weiter Ferne vom Watt herüberhallen.

Es wurde ihm zugeschrieen, er möge stehenbleiben, wo er stehe, damit er nicht ins Priel laufe; ein Boot sei schon unterwegs, um ihn zu holen. Da nun aber eine ziemliche Zeit darüber verstreichen mußte, bis das Boot über den Schlick ins Wasser geschoben war, und dann, bis man Frödden, dessen Rufe immer matter wurden, gefunden haben konnte, kam einer auf den Gedanken, auf dem höchsten Hünengrab eine Biike anzuzünden, wir alle glaubten, daß es ihm wenigstens eine Beruhigung sein würde, wenn er sehen könne, wo das Ufer war und wir seiner harrten. Erst später ist uns eingefallen, daß das Feuer ihm vielleicht gerade zum Verderben wurde, indem er, seinem Scheine folgend, gerade auf die Küste zugelaufen und dabei ins Priel geraten ist. Eine furchtbare Stunde verrann. Keiner wagte ein Wort zu sagen, Stine Frödden stand neben uns und weinte und jammerte.

Rörd Fröddens Stimme war nun nicht mehr zu hören, und nur noch die Rufe der Männer im Boot da draußen im Nebel hallten – bald hier, bald dort – aus immer größerer Entfernung zu uns herüber. Dann wurden ihre Rufe wieder lauter und lauter. Knirschend ging der Bootskiel unten über den Strand, aber kein Ruf, kein Wort ertönte mehr. Rörd Frödden war nicht gefunden, Rörd Frödden lag in der See.

Am andern Tage in der Dämmerung stand ich auf unserem Hofe und wand einen Eimer Wasser aus dem Soot.

Im Hofe des Nachbarhauses stand Stine Frödden am Pottrick und wusch ihre Milchschüsseln mechanisch, langsam, mit trüben, verweinten Augen. Da – plötzlich – kommt hinter den Gärten eine Gestalt vom Strande herauf. Sie steigt durch die Lücke in Rörd Fröddens Zaun, durch die der Ertrunkene täglich zum Watt ging und vom Watt heimkehrte, sie geht schweren, müden Schrittes durch Rörd Fröddens Garten auf seinen Hofplatz zu, sie trägt Rörd Fröddens triefendes Fischerzeug – Herrgott, es ist Rörd Frödden selber.

In demselben Augenblick, wie ich ihn erkenne, hat auch seine Frau ihn erblickt; sie läßt die Milchschüssel aus der Hand fallen und bricht mit einem furchtbaren Aufschrei zusammen. Da ist Rörd Frödden verschwunden – wie Nebel.

Wir trugen seine besinnungslose, am ganzen Körper zitternde Frau ins Haus. Sie ist nicht wieder zu sich gekommen und nach drei Tagen gestorben. Erst eine Woche später, nachdem wir sie in Nieblum zur letzten Ruhe gebracht hatten, fanden wir beim Fischen draußen im Watt, am Rande von Jens Junghackens Priel, Rörd Fröddens Leiche. Seine Holzschuhe waren davongetrieben, und im furchtbaren Wettlauf mit der Flut und dem Tod waren seine Strümpfe in Fetzen gegangen. Ich habe keinem Menschen davon erzählt, was seiner Frau und mir an jenem Oktoberabend begegnet war.

DETLEV VON LILIENCRON

Auf der Marschinsel

Düke Nommsen, der Strandvogt, stand vor mir. Über fünfzig Jahre hatte der Regen Rinnen in sein bartloses Antlitz gefurcht, hatten die Winde versucht, das stets kurzgeschorene Haar zu packen. Über fünfzig Jahre war Düke Nommsen Strandvogt. Er hatte mir nur zu melden, wenn etwas ganz Besonderes vorgefallen oder gefunden war. Das geschah selten. Das gewöhnliche Strandgut sind Balken, Tonnen, Leichen, Wrackstücke: Sachen, die nur den Strandhauptmann angehen. Düke Nommsen, der Strandvogt, stand vor mir. Erregt und – stumm. Die Lippen sprachen, aber ich hörte keine Worte.

»Nun, Nommsen, was hast du, was gibts?« Schon wollte ich anfangen, ungeduldig zu werden, als er herauspreßte: »Dat is to gräsig, Herr.« Ich nahm Hut und Stock: »Hast du einen Gendarmen benachrichtigt?« Er schüttelte mit dem Kopfe. Dann, während wir schon im Gehen waren, sagte er: »Dat deit ni nödig, Herr.« Düke Nommsen schien Alles um sich her vergessen zu haben. Er, der sonst so ängstlich die Förmlichkeit wahrte, der so respektvoll antwortete, ging heute, statt an meiner linken, an meiner rechten Seite. Antworten bekam ich überhaupt nicht mehr von ihm. Der alte Bursche wurde mir nachgrade unheimlich.

Wir gingen auf dem Norder Außendeich. Es war ›holl Ebb‹, die tiefste Ebbe. Auf den Watten rief der Avosettsäbler sein Puith, Puith; ungeheure Schwärme von Möwen nahmen sich zuweilen auf, um sogleich, unter großem Geschrei, wieder einzufallen. Alles ist in Bleifarbe getaucht: die Halligen, die wie Forts aussehen, um einem hinter ihnen liegenden Kriegshafen als erste Stachel zu dienen, die Ufer im Osten, die Wolken, die Vögel, der Himmel.

Wir wandern auf dem stellenweise unergründlichen Deich nach Westen. Zu unsern Füßen im Süden liegt die große, reiche Nordseeinsel Schmeerhörn. Auf dem nächsten Binnendeich, scharf am Himmel ausgeschnitten, reiten ein Bauer und sein Sohn, hinter einander. Vor ihnen liegen Mehlsäcke. Man hört ordentlich die schweren Gäule schwappsen und stappsen in der Kleie, die, kniehoch, die Pferde müde macht. Nun sind sie in der Mühle angekommen. Langsam – oha – mit krummsten Knieen rutschen Vater und Sohn von den beiden Braunen. Vadder drinkt 'n suren Punsch: Tee mit Schnaps ohne Zukker. De Sän süht to. Nun klettern sie wieder auf die Pferde, ohne Mehlsäcke. Vadder vörut, de Sän achternaa. Man hört wieder, man sieht es zwar nur, das Schwappsen und Stappsen der Gäule. Nu sünd se ant Hus. Beide fallen wieder schwer von den Gäulen. Vadder slöppt, und de Sän smökt achtern Diek 'n Cigarrstummel.

Mit uns, über die Fennen, wo fette Schafe grasen, geht ein kräftiger Landmann, der nach seinem abseits liegenden Hof will. Er hat den langen Springstock in der Hand, und sieh: mit der Eleganz einer Balettänzerin schwebt er, nachdem er einen Augenblick den Grund sondiert hat, über die oft recht breiten Gräben.

An unserm Außendeich steht nur vereinzelt ein Haus, von kleinen Leuten bewohnt. Als wir bei dem ersten vorbeikommen, ruft ein Hahn seinen Hennen: Gluckukukukukuk, paßt auf. Die Hennen, diese ewig fressenden Tiere, picken und scharren ruhig weiter. Henning sieht mit schiefem Kamm zu uns hinauf, verwickelt dabei den rechten Sporn in einen Strohhalm, sucht sich erbost zu befreien, kreist und fällt um. Wer hat schon einen umgefallenen Hahn gesehen?

Auf dem Strohdach der Kate sitzen die Stare in ihrem süßen Geplauder.

Wie still es ist. Aus den Marschen dringt kaum ein Ton; von einigen Höfen klingt das Glucksen der Kalkuttischen Hühner herüber, zuweilen Kinderlachen von einer Werft. Der Wind, natürlich Westwind, hat sich gelegt; Regenwolken ziehen langsam am Himmel.

»Dor... dor is't«, ruft plötzlich Düke Nommsen, der Strandvogt. Ich hatte in die Marsch hinuntergeschaut, nun wieder meinen Kopf nach Westen und Nordwesten wendend, habe ich einen sonderbaren Anblick: Auf dem Deiche, hundert Schritt vor uns, stehen etwa zwanzig Menschen mit allen Zeichen der Neugier, der Furcht, des Abwehrens, der Beratung. Sie kommen mir wie eine Gruppe Wilder vor, deren einsame Insel eben ein Fremdling, mit erstem Sprung aus dem Boote, betritt.

»Dor... dor is't«, rief wieder Nommsen und zeigt mit

dem Finger auf den Strand. Etwas Schwarzes, etwas Weißes liegt dort; mehr erkenne ich noch nicht. Ich bin bei den Bauern angekommen und sehe, daß unten, mit ausgebreiteten Armen, Ertrunkene liegen.

Keiner von den Zuschauern ist zu bereden, mit mir hinunter zu steigen. Ich gehe allein auf die Leichen zu. Ah... ich pralle zurück: das hatte ich nicht erwartet. Dann fest drauf los.

Auf einer breiten weißen Planke lagen neben einander zwei Menschen, gekreuzigt: ein junges, weißes, zierlich gebautes Weib und ein herkulischer Neger. Sie waren nackt; um die Hüften beider waren purpurne Tücher geschlungen. Wie seltsam das doch war, daß ich an ein Paar Totenkopfschmetterlinge denken mußte, die ich in meinen Knabenjahren einst an einem Tage gefangen und neben einander ausgebreitet aufgespießt hatte...

Weiß und Purpur, Schwarz und Purpur. Ich werde ruhiger und verliere alles Grauen. Die Bauern merken es. Sie wollen zu mir. Ich befehle mit der Hand, daß sie oben bleiben sollen. Jetzt beuge ich mich zu den Beiden. Das Brett, auf das sie geschlagen sind, ähnlich der Tür oder der Wand einer verschwenderisch ausgestatteten Kajüte, scheint an allen Seiten gewaltsam abgebrochen zu sein. Es ist weiß, und nun seh ich es genau: es hat vergoldete Leistenumfassungen. Es ist entschieden ein Stück der Wandzier aus einer vornehm eingerichteten Kajüte.

Zuerst betrachte ich die Frau. Welch ein junges Gesichtchen. Wie liebliche Züge. Nichts ist verzerrt; wie denn auch beide Leichen aussehen, als seien sie nur ganz kurze

Zeit im Wasser gewesen. Die Augen stehen bei der jungen Frau halb offen; ich sehe ein tiefes Blau. Langes rötliches Haar fließt um ihr Haupt. Aber... o... o... wie schändlich! Diese kleinen schneeigen Hände, an denen die Nägel lang und abgerundet sind (sie haben die Form einer Haselnuß), diese kleinen lieben Hände sind mit großen, plumpen, verrosteten Schiffsnägeln durchstoßen. Das Blut hat die See abgewaschen.

Der Neger, dessen linke Fingerspitzen fast die rechten der Frau berührten, so nahe lagen sie an einander, hat eine gebogene Nase wie der schönste Römerjunge. Die Oberlippe ist emporgezogen und zeigt das Gebiß eines fletschenden Hundes. Auch seine Hände sind mit großen verrosteten Schiffsnägeln durchbohrt. Seine Gestalt ist riesengroß, eine Moriturus te salutat-Figur, ein Gladiator Neros.

Die Füße Beider sind fest mit dicken Tauen umschnürt, und diese durch mehrere Löcher im Brett gezogen und auf der Rückseite stark verknotet.

Um aller Heiligen willen, wo kommen die Beiden her? Das ist klar, daß sie nicht lange im Wasser gelegen haben. Die Flut hat sie dann an unsern Strand gespült.

Hundert Vermutungen wurden in mir wach; hundert phantastische Bilder drängten sich in mir...

Die Sonne ging unter, so wundervoll, wie wir es niemals auf dem Festlande, auch nicht auf der Ostsee sehen. Zwischen schwammigen, dunklen Wolkenmassen schossen tausend Lichter.

Und die Flut kam, dann wieder die Ebbe; dann kommt wieder die Flut, und dann wieder die Ebbe.

JENS JACOB ESCHELS

Auf Walfang nach Grönland

Anno 1769 den 7. März (ich war damals 11 Jahr 2 Monat und 25 Tage alt) fuhr ich das erstemal nach See, von Föhr nach Amsterdam mit dem Schiffer Rauert Peters von Amrum. Derzeit fuhren die meisten Föhringer auf Grönland von Holland, und es waren viele Kommandeure auf Föhr, denn die holländischen Schiffe, die auf Grönland auf den Walfischfang fuhren, beliefen sich 1769, wo ich mich nicht irre, auf 192 Schiffe. Man konnte derzeit rechnen, daß alle Frühjahr etwa 1200 Seeleute von Föhr, einem Lande eineinhalb Meile groß, abfuhren, und die Fahrzeuge hatten jedes über 100 Mann an Bord; ihr könnt leicht denken, daß die Passagiere enge zusammenliegen mußten; nämlich es werden vier Reihen quer über die Breite des Schiffes gemacht, so daß die Füße nach dem Kopf des andern reichen, und da immer viele Jungen unter den Passagieren sich befinden, die noch nicht seefest sind, sondern noch seekrank werden und sich übergeben müssen, so haben diese einen Stiefel bei ihrem Kopfkissen, worin sie brechen und speien. Da gibt es denn etwas zu lachen für die, welche nicht seekrank sind, denn man hört an verschiedenen Stellen: quack, quar usw. Die Alten saugen aus ihren Stummelpfeifen dicke Rauchwolken, man könnte schon dadurch übel werden. Auch ich mußte der See ihren Tribut entrichten und mich meines Stiefels bedienen. Abends werden die Luken und Luftlöcher fest und dicht zugemacht, teils weil es in dieser Jahreszeit des Nachts kalt ist, teils daß kein Seewasser einschlägt. Nun denke man sich, wenn des Morgens die Springluke (wo man aus dem Raum des Schiffes auf das Deck steigt) offen gemacht wird, welcher Tabaksrauch und Dunst von so vielen Menschen aus der Luke steigt; man sollte glauben, man müßte daran des Nachts erstickt sein. – Wir hatten eine gute, geschwinde Reise; in vier Tagen kamen wir in Amsterdam an. Den ersten Gang, den ich in Amsterdam mit meinem Onkel Jürgen machte, war nach dem Stadthause, solches zu besehen. Ich fand selbiges wohl schön, doch nicht so groß und schön, als ich mir eingebildet hatte. Auf dem Wege dahin nahm ich vor jedem, der einen Rock anhatte (und fast alle, wie in den Städten gewöhnlich, trugen Röcke), meinen Hut ab und sagte guten Tag, und da ich so vielen begegnete, so konnte ich fast nichts tun, als Guten Tag! Guten Tag! sagen. Mein Onkel Jürgen sah dies und fragte mich: Was machst du? Ich sagte: Ich sage guten Tag. So sagte er mir: hier mußt du niemand guten Tag sagen, dies ist hier in Amsterdam nicht Mode. Solches deuchte mir unhöflich, denn auf Föhr sagten wir jedem, dem wir begegneten, guten Tag, und wenn Fremde auf Föhr waren, die Röcke trugen, so nahmen wir den Hut ab. – Ich kam also an Bord. Der Kommandeur hieß mich willkommen. Ich wurde als Unterkajütswächter angestellt; der Oberkajütswächter, welchen man auch Hofmeester nannte, hatte schon eine

Reise mit dem Schiffe gemacht. Nach einigen Tagen war ich schon gewohnt an Bord und befand mich wohl, obschon ich die ersten Tage am Heimweh litt und manchmal heimlich weinte; wenn ich dann aber bedachte: Es ist ja dein freier Wille gewesen, daß du nach See wolltest, du könntest ja noch gerne ein paar Jahre bei deiner Mutter geblieben sein usw. – und dann, wenn ich mich recht bedachte: Du verdienst nun doch Geld (ich hatte vier holländische Gulden pro Monat), so beruhigte ich mich und war vergnügt, daß ich nun doch ein Seemann war. Meine Arbeit lernte ich gut verrichten; das allerärgste für mich war, das Gelbeerbsenback auszuschrapen, oder: was die Leute, die an der Back (eine große hölzerne Schüssel) speisen, nachlassen, muß der Backsjunge, und das war ich, an der Offizierstafel rein aufessen. Da ich nun von Kindheit an nie gerne gelbe Erbsen aß, so war dies eine große Plage für mich, vornehmlich da der Koch mir drohte, es dem Kommandeur zu zeigen, wenn ich das Back nicht rein genug leergegessen hätte. Aber auch noch ehe wir nach Grönland kamen, ward ich von dieser Unannehmlichkeit befreit. – Wie wir ins Eis kamen, konnten wir wegen der Menge desselben und konträren Windes nicht durch das Südeis kommen, und wie wir endlich durchkamen, war die beste Fischerei vorbei. Die Schiffe aber, die früher durchgekommen, hatten viele Walfische gefangen. An dem ersten Eisfelde, an welchem wir festmachten, ging ein holländisches Schiff verloren, welches auf der anderen Seite unseres Eisfeldes lag. Der Kommandeur hieß Symen Zwol. Er kam mit seiner Besatzung übers Eisfeld hergewandert, nach unserer Seite, wo noch mehrere Schiffe bei uns lagen.

Diese Leute wurden auf die Schiffe verteilt, und wir bekamen sechs Mann von ihnen bei uns an Bord. Wir nahmen hier einen festen Macker an, das heißt, ein Schiff, mit dem wir uns verbanden, miteinander zu fischen, und was von beiden gemeinschaftlich gefangen würde, zu teilen. Der Kommandeur, mit dem wir Mackerschaft gemacht, hieß Gerrit Geelts und fuhr für Hamburger Rechnung. Wir fingen zusammen einen kleinen Walfisch von etwa zehn Quardeelen Tran, den wir uns teilten, und jedes Schiff nahm seine Hälfte an Bord. Nachdem kam ein holländisches Schiff, »Maria & Petronella« genannt, zu uns; der Kommandeur hieß Volkert Claasen, dieser war auch von Föhr und ein guter Freund von meinem Kommandeur. Er hatte neun Walfische gefangen. Wir sagten unsere Mackerschaft mit Kommandeur Geelts auf und wurden feste Macker mit Kommandeur Volkert Claasen; wir fingen mit diesem zusammen einen großen Walfisch von über 50 Quardeelen Tran und nahmen den Fisch in unser Schiff, das heißt, den Speck davon in Stücke geschnitten oder geflenst. Beim Flensen dieses Fisches, welcher an der Seite des Schiffes lag, kamen viele Haie und fraßen von ihm unter dem Wasser. Selbe waren sechs bis acht Fuß lang. Wir hakten verschiedene mit dem Schlupshaken, schleppten sie aufs Eis und schnitten die Leber aus, die Tran gibt. Wir wurden von dem Eise besetzt oder eingeschlossen, und an dem Eisfelde, woran wir lagen, war noch ein holländisches Schiff, genannt »De Vrauw Anna«, Kommandeur Nanning Adrians, auch auf Föhr wohnend, und noch ein englisches Schiff, genannt »Leviathan«. Des Nachts von dem 5. auf den 6. Juli fing das Eis an zu drängen, und um 2 Uhr den 6. Juli des Morgens wurde »Überall!« gerufen, das heißt, alle Mann aufs Deck, und die Provision, als Erbsen, Grütze, Brot, Fleisch, Speck, Butter usw., wurde aufs Eis gebracht, denn das Schiff fing schon an zu krachen. Um 5 Uhr morgens fing unser Schiff schrecklich an zu krachen, denn das Eis fing von neuem an zu drücken. Die Leute, die im Raum des Schiffes waren, Viktualien heraufzuholen, stiegen aus dem Raum, und nun bemühte jeder sich, seine Kiste mit Kleidern und das Bettzeug zu bergen. Wie die Leute ihre Habseligkeiten aufs Deck warfen und selbe auch aufs Eis retten wollten, stand der Kommandeur auf der Hütte und sagte zu den Leuten: Was? Wollt ihr schon euer Gut retten? Da ist es noch lange nicht anzu! Allein wie er dieses Wort gesprochen, fiel plötzlich unser Schiff fast ganz auf die Seite, und der Kommandeur rief: Kappt Masten! Kappt die Masten über Bord! Ich stand gerade an Backbordseite neben dem großen Mast, wie das Schiff umfiel, und weil unser Schiff auf Steuerbordsseite überfiel, so fiel ich natürlicherweise nach der Steuerbordsseite hin. Ich bekam von dem Fall keinen Schaden, sondern sprang gleich in unsere Halsschaluppe, die am Steuerbord aufgehangen war, und just in dem Augenblick, wie ich aus der Schaluppe aufs Eis sprang, drückte das Eis die Schaluppe in Trümmer. Gott sei gedankt! Ich wurde unbeschädigt aufs Eis gerettet. Ich lief so geschwind ich konnte, um unter den Masten, welche mir über dem Kopfe hingen, hinwegzukommen, und lief nach Volkert Claasens Schiff, wo ich an Bord ging. Wie ich hier ungefähr eine Stunde an Bord gewesen, so fing auch dieses Schiff schon an zu krachen und begann sich auf die Seite zu legen. Ich und die Jungen, die mit diesem Schiffe fuhren, machten, daß wir aufs Eis kamen; darauf wurden die Masten schnell gekappt oder über Bord gehauen; doch auch dieses Schiff wurde entzweigedrückt, und so habe ich buchstäblich zwei Schiffe an einem Tage verloren. Nun dauerte es nur ein paar Stunden, so wurde auch das Schiff »Leviathan« entzweigedrückt, die Masten auf selbem über Bord gekappt und auch dieses Schiff verloren. Keiner der Mannschaft von diesen drei verlorenen Schiffen bekam eine Verletzung, und keiner verlor das Leben dabei.

Nun war das Schiff »De Vrauw Anna« noch nach. Dieses Schiff wurde vom Eise in die Höhe geschroben, und das Eis drückte unter dieses Schiff so auf, daß dieses beinahe oben auf dem Eise zu sitzen kam und unbeschädigt blieb. Es passiert in Grönland mehrmals, daß Schiffe fünf bis sechs Fuß aus der sogenannten Last gedrückt oder in die Höhe geschroben werden. Nun waren alle drei Schiffe weg; die Mannschaft derselben, etwa 130 Mann, stand auf dem Eise; Schiffe waren nur vier im Gesicht von uns, nämlich »De Vrauw Anna«, welches bei uns lag – wir wußten aber nicht, ob es verschont bleiben würde, und ob wir es von dem Eise abbringen könnten –; die drei anderen Schiffe aber lagen gewiß zwei bis drei deutsche Meilen von uns entfernt, auf der anderen Seite des Eisfeldes, an welchem wir lagen; auch waren diese vom Eise eingeschlossen, und wenn wir auch in Person nach ihnen hinwandern konnten, so war es doch nicht möglich, unsere Kleider usw. dahin zu bringen; denn das Gehen auf dem Eise in Grönland ist sehr mühsam, der Schnee liegt ein bis drei Fuß hoch, das Eis ist voller Hügel von aufgeschobenem

Eise, und weil auch grimmige hungrige Bären sich da aufhalten, so muß man Feuergewehre, Lanzen usw. mit sich führen, um sich verteidigen zu können. Wir blieben also drei Tage bei den verlorenen Schiffen auf dem Eise logiert, fertigten uns Zelte von den Schiffssegeln und machten Feuer auf dem Eise, um dabei zu kochen. Das Kommando war aus, und ein jeder nahm Brot, Butter, Fleisch und Speck soviel er wollte, daß wir also gut lebten. Wir warteten nun, bis das Drängen des Eises wieder aufhörte, und wollten dann sehen, ob wir das Schiff Frau Anna vom Eise abbringen könnten, und gingen daher nicht hin nach den drei erwähnten, in der Ferne liegenden Schiffen. Es war ein Glück, daß keine Leute von uns nach ihnen hingegangen, denn diese drei Schiffe blieben im Eise eingeschlossen, und Fredrick Broers und Gerrit Geelts kamen nie aus dem Eise, sondern sind mit Mann und Maus verunglückt und die Leute auf diesen Schiffen vor Hunger und Kälte gestorben. Jacob Jansen Lübben kam allein den 21. November aus dem Eise und gegen Weihnachten in Hamburg an; die Mannschaft hatte sich meistenteils von Walfischschwänzen ernährt und war sehr verhungert. Wie wir nun drei Tage auf dem Eise zugebracht und es offen Wasser geworden war, gingen wir alle an Bord bei dem Schiffe »De Vrauw Anna«. Wir waren nun 170 bis 180 Mann auf diesem Schiffe an Bord. Proviant von den verlorenen Schiffen, Schaluppen, Kabeltauen, Pferdelienen usw. nahmen wir mit an Bord und befestigten diese an große Eishaken oder Eisanker, die im Eise eingesetzt waren, und wanden nun mit Macht am Bratspill an diesen Tauen, um das Schiff vom Eise abzuwinden; wir wanden aber alles entzwei, die Taue brachen, das Schiff saß fest und rührte sich nicht. Da kam ein alter Mann namens Jens Wögens von Föhr, der selbst in jüngeren Jahren als Kommandeur auf Grönland gefahren war, jetzt aber als alter Matrose auf diesem Schiffe fuhr, zu dem Kommandeur Adrians und sagte, wenn die Mannschaft alle hinten aufs Schiff ginge und von da in geschwindem Laufe nach vorne des Schiffes liefen, sollte dies nicht gut sein? Der Kommandeur Adrians rief: »Alle Leute gehen hinten aufs Schiff, so viele als da Platz haben!« Dies geschah; nun hieß es: »Lauft alle zugleich geschwind nach vorne hin!« Wie dies geschehen, so rüttelte das Schiff ein wenig, aber es blieb noch immer fest auf dem Eise sitzen. Alle Leute mußten wieder nach hinten gehen und das zweitemal nach vorne laufen, und wie dies geschah, so glitschte das Schiff vom Eise mit einer solchen Fahrt ab, als wenn ein neues Schiff vom Stapel oder von der Helling abläuft. Jetzt wurde alles, was noch von den verlorenen Schiffen auf dem Eise war, an Bord geschafft, und wir schiffbrüchigen Leute bekamen von den Segeln ein jeder so viel, als zu einer Hängematte nötig. Meine Kleider und Bettzeug fand ich auf dem Eise, wie unser Schiff schon verloren war, unter den geborgenen Sachen der Leute; denn da diese erst an die Rettung ihrer Habseligkeiten gingen, da ging es just so zu, als es bei einem Brande in einer Stadt geht: Jeder birgt aus dem Hause, was er habhaft wird, und legt es auf einen Haufen, so auch beim Schiffbruch in Grönland; einige nehmen alles, was vorkommt, und werfen es aufs Deck, andere wieder vom Deck aufs Eis, andere bringen es wieder auf einen Haufen. Ich verlor bloß meine beiden Haarkämme, sonst nichts.

UWE HERMS

Auf Eiderstedt

Die Zeit verging Tag und Nacht. Im Lichtschein aus dem Küchenfenster sah ich Hagebutten vom Rosenbusch neben der Pforte rot leuchten auf blauschwarzem Grund, und als ich nach den Höfen guckte, war die Luft moosig feucht, kühl und sauerstoffreich. Ich trat vor die Tür. Ich hatte ein Fahrrad gekauft, um leichter und schneller zu sein. Ich umkreiste das Haus in großer Entfernung. Manchmal traf ich Hein Rad und seine Frau. Sie hatten sich an mich gewöhnt. Das Haus, das sie begehrt hatten, war für sie tot.

Ich wünschte mir Menschen, aber noch immer vertrug ich sie nicht. Von allerlei Leuten wußte ich, wo sie wohnten, was sie hier taten, warum sie in Eiderstedt lebten. Die meisten waren aus den Städten gekommen. Ich besuchte sie selten und sah sie eher bei Festen, auf denen ich abseits stand. Manchmal danach setzte ich mich auf der Deichkrone nieder an einem Platz, von dem aus ich mir durch einfaches Halsverdrehen den ganzen Horizont und alle Anblicke dieser Welt in vier Sekunden einverleiben konnte. Dann schloß ich die Augen, die angefüllten, und übertrug das Erblickte meinem Gehirn. Nach und nach immer tiefer sinkend, blendeten die Sofortbilder hinüber in solche, die mich schon lange bewohnt hatten. Mir fiel die Mühle in Garding ein, die ich schon lange aufsuchen wollte. Da war ein freundlicher Mensch gewesen. Ich hoffte bei ihm auf ein Fest.

Von der Deichkrone blickte ich über Eiderstedt weiter hinaus als vom Weißfluh über die Alpen. Landseitig war da Utholm und Everschop mit dem ältesten Koog St. Johannes, dem festen Landkern von Poppenbüll, und dahinten die starken Gebäude von Garding, die querköpfige Kirche und das spindelige Spargelkonstrukt des Relaisturms waren unübersehbar. Bis endlich ganz dahinten die Windschnur-Schemen der von Busch und Baum umstandenen Gehöfte mit ihrer angewehten Westwindschräge verblauten, war allerlei zu erzählen von sprechenden Namen, von Schafhaus und Sparhörn, von Heerstraße, Wogemannsburg und Rosenhof, Steinhütten, Kratzenberg und Lehmrick und Nickelswarft, Kloster, Slatterack, Schweinsgaard, Helmfleth, Hundhof, Bockshörn.

Seeseitig waren bei Ebbe die Sände, das Watt. Bei Flut kam das Meer, es ging und kam und hatte seine Gezeiten. Da waren der Robbensand, der Heversteert, das Porrenrünnel und Rungholtsand, und was sich bei den wildesten Stürmen noch über Wasser gehalten hatte, das hieß Südfall, Pellworm und Nordstrandischmoor. Bei glänzendem Wetter schwammen die Inseln im Glast der Watten und waren wie hingespiegelt, Gedanken des Lichts, Hologramme auf Abruf, Fata Morganen des Nordens, der Nässe, der Strahlung und nicht der Wüste, des trockenen

Wahns. Hier herrschten die Wellen des Meeres, der Liebe. Aufwallungen kühner Hochdrucktage mochten die Halligen sein, wortlose Hügel des Herzens. Aus der Nähe betrachtet waren sie arme Haufen von Land, durch Menschen in Mühsal zusammengehalten, ihr Eigen genannt und beglaubigt. Dem frechen Seemaul ein Schott vorzuschieben, wurde der Deich auf über acht Meter gebracht, und die Böschung von der Krone zum Meer hinunter ward flacher gestreckt, und sie streckte sich nun und machte dem Deich einen schönen Fuß, und der Fuß hatte einen steinharten Schuh aus basaltblauen Brocken und schwarzem Verguß und stand ruppig im Modder des Watts, und das Watt fiel trocken bei Ebbe. Bei Flut aber lief salziges Wasser suddelig auf und schäumte und schäumte. Ich ging auf das Fest.

Die Mühle, ein Erdholländer, war entkernt. Man saß auf dem Mahlwerk im Gras. In Gläsern schwenkten bunte Leute ihren Wein zum Kopf, dort kippten sie ihn. Schafe standen dazwischen, sie weideten auf Rohrbeinen vom Klempner, ihre Körper waren aus Bäumen gesägt. Darüber hing abnehmbares Fell, die Ohren wirkliches Leder. Um sich zu zeigen, kletterte ein Kind hinauf und sprang ab. Sein Gesicht verscholl. Dämmerlicht, das an der Mühle hochwuchs. Hinter dem Flügelkreuz hob sich ein Vollmond und überraschte. Hing nicht, wenn auch schon tief, noch im Rücken die Sonne und wollte erst weg? Der Sonne und des Monds wenig verschiedene Scheiben warfen einander Strahlen ins Angesicht, von den Enden eines langsam sich neigenden Schwebebalkens her, der an Mühlenkappe und Flügelkreuz auflag. In der Himmelsmechanik war hundertprozentige Opposition; wie Antriebsgeräusch schallte das Lachen und Reden zum Rande des Rasens hin. Aus der Ferne dazu der akustische Goldgrund von Ausflugskolonnen, die sich in die Einsamkeit vorarbeiteten. Nordfriesland hatte die Einsamkeit, das war bekannt, und Eiderstedt, hier, ragte sogar ins Meer.

In der Mühle stand ich allein und gewöhnte mich an scharfes Lampenlicht. Mitten in dem Raum war ein Berg Mehl geschüttet. Er wirkte zerwühlt. Ich blickte hinauf, ob vom Steinboden, wo sonst gemahlen worden war, etwas käme, aber da war eine Decke eingezogen, mit Lampen bestückt, funkelndem Leuchtwerk. Der Raum hier unten, ein Achteck aus geteertem Gebälk und einst der Absackboden, war geräumt, die Schütte zerhackt, das Gestänge verschrottet, das Geschrotene weggefegt, die Säcke verschwunden. Das Mehl in der Mitte des Raums schimmerte fremd. Niemals war es aus Körnern gekommen! Oder doch? Ich umging es im Kreis. Das Mehl war ein zarter Berg voll Unordnung. Seine Eintiefungen oder Schatten machten Erinnerungen in mir. Ich hatte das Gefühl, auf mein Gehirn zu blicken. Eingeprägte Bilder sah ich, Gliedmaßen schienen sie mir, aufgesperrte Münder, Fußsohlen, ein Ohr und gewelltes Haar. Mit einem einzigen Lidschlag, diesem Verrücken der Hirnsekunde, sprangen die Bilder heraus und zurück, wurden erhaben oder sanken weg.

Dann bestieg ich die Treppe. Ein Durchbruch war in der

Decke. Hier oben war nichts, aber Fenster nach allen Seiten. An einem glitt ein Flügel vorbei, das Windwerk, das Gitter aus Segelleisten. Ich sah an ihnen entlang. Durch das Ende erdwärts war eine Kette geschlungen und im Boden verankert. Der Wind sollte keine Mühle drehen, die keine mehr war. Doch es war Mai, es war windstill und warm, und im Gras lag das Mahlwerk, lagerten ungeregelt die Leute. Sie waren hergereist von überall, hin bis nach Kiel, Hannover und Bremen. Es war eine Sternfahrt, um hier an der Mühle ein Fest zu feiern. Denn sie schuf ja kein Mehl und keinen Dreck mehr, keine Kleie, keinen Schrot für die Schweine. Sie war entkernt. Sie war die Spelze aus dem Mahlgang des Fortschritts, der sie ausgeworfen hatte. Und nun?

Eine Kunstmühle war sie und lebte. Auch eine Kunstmolkerei gab es schon, gar nicht so weit, dort wurde nur anders gebuttert. Kein Krieg für dies Land seit vielen schnellen Maienjahren – was tun? Selber – selber beseitigen, ausheben, entkernen, freisetzen, sanieren, sezieren, konzentrieren, umschichten und bereinigen. Die marktwirtschaftliche Strategie der verbrannten Erde hatte tausend Knechte, die die Schleier warfen. Kapitalinvestition, Rendite, Rationalisierung hießen die Herbizide, die Insektizide, die Pestizide des wirtschaftlichen Großraumdenkens, das die Welt meliorisieren oder mehliorisieren sollte. Waren die Gewächse der ersten Natur gelöscht, das Gelände planiert, das Bewußtsein radiert, das Herz trockengelegt, schrie eine Ödnis wie der Mond nach Dekoration, und das war der Marktschrei der künstlichen Dinge in uns.

Mit dem Rücken zum Vollmond sah ich nach der Sonne. Sie war versunken. Zwischen Maschinenhaus und Speicher lag unten der Schuppen. In ihm hatte Kohle gelegen. Zu entkernen gab es dort nichts, nur einzubauen und auszustatten. Das hatten Otto und Ette getan, ein glückliches Paar voll Tatkraft. Ihr Werk war die Mühle, ihr Eigentum. Als sie den Grund erstmals betraten, war er noch Schotter, der Erdholländer lag still. Einen halben Meter hoch führten sie Mutterboden heran und harkten ihn aus. Sie streuten Grassaat und mähten von Hand. Eines Sommers war ein Dreieck erblüht, so blumenreich und kräuterzart, als hätten sie alte Gemälde gesät. Das war eine Wundertüte aus Japan gewesen, einjährig, nicht winterhart. Danach war die Wiese wieder modern. Vom Steinboden herab hievten sie die Mahlgänge, viermal zwei Steine, und verteilten sie im Gras. Da lagen sie, zwerghafte Menhire aus der Jugend der Mühle vor einhundertdreißig Jahren. Auf ihnen saß man, von ihnen aß man, wenn es die Jahreszeit zuließ.

Sonst war man drinnen. Nach der Ausräumung verblieb an einem tragenden Balken das Schild *Vorsicht, Aufzug!* Hier waren die Säcke mit Korn aufwärts gefahren. Jetzt lag auf dem Grund restliches Mühlenholz und war zur Sitzbank ernannt. Das Hebezeug hob das Korn in das Mahlwerk auf dem Steinboden. Durch Quetschen und Reiben sollte dort Feineres werden als Korn. Dieselbe Welle fürs Hebezeug trieb auch den Mühlstein an, nur leitete sich die Kraft rechtwinklig von ihr ab. Was herauskam, rutschte zurück und wurde unten in Säcken aufgefangen. Da saßen nun Menschen, Freunde der Kunst.

Deren Arbeit vollzog sich im Sitzen oder in schlendernder Gangart. Sie waren jeder ein wandelnder Mahlgang. Wie einst das Korn, wurde nun das Kunstwerk Mühle getragen. Otto, der Künstler, hob es in die Gehirne seiner Besucher, speiste das Mahlwerk mit Machwerk durch Augen, Ohren und Hände. Waren die Bilder gehängt, gehängt zwischen Balken und Pfeilern, so sprachen Besucher von ihnen. Die Bilder waren, so flach sie da hingen, gesellige Wesen. Sie waren bescheiden. Keines sprach, wurde es nicht besehen. Manches träumte daher.

Glossar

achter = (plattdeutsch) hinter
Afkat = (plattdeutsch) Rechtsanwalt, aus Advokat
Alkoven = in die Wand eingelassenes Bett
Avosettsäbler = Säbelschnäbler, (Wattvogel)
Biike = (friesisch) – Holzstoß, der als Signal abgebrannt wird; heute noch am 21. Februar, dem Biikenbrennen am Vorabend des Peterstages (Petri Stuhlfest) einem speziellen friesischen Feiertag
Bratspill = horizontale Welle zum Aufwinden des Ankers
Bummeis = mit Luftblasen durchsetzte, dünne Eisschicht
dal = (plattdeutsch) herunter, hinunter
deit = (plattd.) tut, von ›doon‹
flensen = die vom Walfisch gelösten Speckstücke ins Schiff holen
Galimathias = (französisch: galimatias) verwirrtes Gerede, Kauderwelsch
gau = (plattdeutsch) schnell
Gläs, Glös = (plattdeutsch) Glut, Feuer, Brand
gräsig = (plattdeutsch) grausig, schrecklich
Grafft = Graben um Marschhöfe, vergleiche niederländisch ›Gracht‹

Hahnenbalken = Querbalken zwischen zwei Dachsparren
Halbstieg = eine halbe Stiege = 10 Stück
Helling = schiefe Ebene zum Bau von Schiffen auf der Werft
Kalkuttisches Huhn = Pute, angeblich kam das Schiff, das um 1530 die ersten Puten aus Mexiko nach Europa brachte, über das indische Kalkutta; oder lautmalend nach dem Ruf der Tiere, (plattdeutsch) Kal(e)kuut
Kimmung = auf See sichtbare Horizontlinie
Kombüse = Schiffsküche, auch Herd
lat = (plattdeutsch) spät
Macker = Gesellschafter, Partner, Kamerad
Porren = (plattdeutsch, friesisch) Krabben, kleine Garnelen
Pottrick = (plattdeutsch) Gestell auf dem die Milchkannen kopfüber getrocknet und gelagert werden
Priel = Wasserrinne im Watt
Quardeele = Faß für Walspeck, zugleich Maß
quesen = (plattdeutsch) nörgeln, klagen
Rungholt = in der Marcellus-

flut 1362 vergangener Ort auf der Insel Strand
Schaluppe = zum Rudern und Segeln eingerichtetes Schiffsboot
Schlupshaken = Bootshaken
schriggt = (plattdeutsch) schreit
Spökenkiken = (plattdeutsch) das zweite Gesicht haben, wörtlich: Spukgucken
Sticken = (plattdeutsch) in kleinen Wasserläufen festliegende, mit Reisern umstellte Korbnetze
Tied = (plattdeutsch) Zeit
töwen = (plattdeutsch) warten
Tünkram = (plattdeutsch) Unsinn, Spinnerei
umsmieten lett = (plattdeutsch) wörtlich: umwerfen läßt
Viktualien = Lebensmittel
Vöröwen = (plattdeutsch) Erscheinung des zweiten Gesicht
Werft = Warft, künstlicher Erdhügel auf dem in der Marsch und auf den Halligen die Häuser stehen

Die Autoren

INGEBORG ANDRESEN wurde 1878 in Witzwort/Eiderstedt als Tochter eines Hofbesitzers geboren. Sie wurde zur Lehrerin ausgebildet, arbeitete unter anderem auf Pellworm, in Kiel und Hamburg. Ihre wichtigste Schaffensperiode waren die Jahrzehnte um den Ersten Weltkrieg. Es erschienen mehrere Bände mit Erzählungen, ein autobiographischer Roman und einige Dramen in hoch- und plattdeutscher Sprache. Ingeborg Andresen starb 1955 in Bremen.

JOHANN CHRISTOPH BIERNATZKI war Pastor. 1795 als Sohn eines Militärarztes bei Altona geboren, trat er 1822 seine erste Pfarrstelle an – es war die Hallig Nordstrandischmoor mit etwa 50 Gemeindemitgliedern. Als nach der verheerenden Halligflut von 1825 die Kirche nicht wieder aufgebaut werden konnte, wechselte er nach Friedrichstadt, wo er 1840 starb. Der Abschnitt »Wattennebel« wurde aus seiner bekanntesten Novelle »Die Hallig oder: die Schiffbrüchigen auf dem Eiland in der Nordsee« entnommen. Sie erschien erstmals 1836. In sie webt Biernatzki seine eigenen Erfahrungen ein.

JENS JACOB ESCHELS, 1757 in Nieblum als Sohn eines Seemanns geboren, begann mit elf Jahren seine seemännische Laufbahn als Grönlandfahrer. 1778 wechselte er zur Handels-Schiffahrt. Ab 1782 fuhr er als Kapitän. 1790 nahm er mit seiner zweiten Frau seinen Wohnsitz in Altona. Seine Lebenserinnerungen erschienen erstmals 1835 in Altona, wo er 1842 starb.

UWE HERMS lebt seit Anfang der achtziger Jahre abwechselnd in Hamburg und in Osterhever/Eiderstedt. Er wurde 1937 in Salzwedel, Altmark, geboren und zog 1945 nach Hamburg. Nach dem Studium der Germanistik, Geschichte und Anglistik in Hamburg und Heidelberg lebte und arbeitete er mehrfach für längere Zeit in den USA und war 1980 als Gastdozent in Peking tätig. Der Abschnitt »Auf Eiderstedt« wurde aus seiner Erzählung »Das Haus in Eiderstedt« entnommen.

JAMES KRÜSS ist durch seine zahlreichen Kinder- und Jugendbücher, die in viele Sprachen übersetzt wurden, heute der bekannteste deutsche Autor für junge Leser. Er wurde 1926 als Sohn eines Elektri-

kers auf Helgoland geboren. Von 1942 an besuchte er verschiedene
Lehrerbildungsanstalten, ab 1949 lebte er in München und arbeitete
dort unter anderem mit Erich Kästner zusammen. Er schrieb für
Rundfunk, Zeitungen und Fernsehen. 1966 siedelte er nach Gran Canaria über. Krüss schrieb hauptsächlich hochdeutsch, daneben gelegentlich aber auch auf Halunner, dem Helgoländer Friesisch.

DETLEV VON LILIENCRON wurde 1844 als Friedrich Adolf
Axel Freiherr von Liliencron in Kiel als Sohn eines einfachen Zollbeamten geboren. 1863 begann er seine Militärlaufbahn und lebte,
ohne über die entsprechenden Mittel zu verfügen, seinen Idealen des
Lebens eines Adeligen nach. Seine wirtschaftliche Misere besserte
sich etwas, als er 1880 die Verwaltungslaufbahn einschlug. Seit 1886
versuchte er, Schulden und Lebensunterhalt allein durch die Schriftstellerei zu bestreiten. Die literarische Anerkennung des adeligen
Bohemiéns wuchs zwar, er war jedoch zeitlebens auf Unterstützung durch Mäzene und staatliche Stellen angewiesen. Liliencron
starb 1909.

HINRICH MATTHIESEN stammt aus einer alten Kapitänsfamilie,
1928 auf Sylt geboren, wuchs er aber in Lübeck auf. Nach der Kriegsgefangenschaft studierte er und wurde Lehrer. Unter anderem unterrichtete er mehrere Jahre in Chile und Mexiko. 1969 erschien sein erster Roman »Minou«. Seitdem erscheint fast jährlich ein Roman. Viele
davon spielen zwar in fremden Ländern, sie handeln aber immer auch
von Fragen deutscher Vergangenheit und Gegenwart.

ALBERT PETERSEN wurde 1883 in der Nähe Husums geboren. Er
besuchte das Gymnasium, wurde Postbeamter und wechselte später
zum Zolldienst nach Hamburg. Neben seinem Brotberuf fand er die
Zeit, mehrere plattdeutsche Theaterstücke, zahlreiche Gedichte und
etwa zwei Dutzend Romane und längere Erzählungen zu verfassen.
Petersen starb 1943 während eines Bombenangriffs auf Hamburg.

FELIX SCHMEISSER wurde 1882 als Sohn eines Architekten in
Husum/Rödemis geboren. Er besuchte die Bürgerschule in Husum,
um sich anschließend in der Buchhandlung Delff in Husum ausbilden
zu lassen. 1909 erhielt er eine Anstellung als Redakteur bei den Husumer Nachrichten. 1946 wechselte er in gleicher Funktion zu den
Flensburger Nachrichten. Neben historischen Aufsätzen und Erzäh-

lungen schrieb er zahlreiche Gedichte, von denen einige vertont wurden. Schmeißer starb 1953 in Husum.

THEODOR STORM, der bekannteste Schriftsteller aus Nordfriesland, wurde 1817 in Husum geboren. Nach dem Jurastudium in Kiel und Berlin ließ er sich 1843 als Advokat in Husum nieder, verlor sein Amt aber nach der Einverleibung des Herzogtums Schleswig durch Dänemark. Ab 1852 war er deshalb an Gerichten in Potsdam und Heiligenstadt/Thüringen tätig. 1864 kam er als Landvogt in das preußisch gewordene Schleswig-Holstein zurück und wurde 1874 Oberamtsrichter in Husum. 1880 siedelte Storm nach Hademarschen über, wo er acht Jahre später starb. Die Geschichte »Eisboseln« wurde der letzten von ihm fertiggestellten Novelle »Der Schimmelreiter« (1888) entnommen.

Der Herausgeber:

PETER NISSEN wurde 1957 als Sohn eines Milchkontrolleurs in Bordelum/Nordfriesland geboren. Nach dem Besuch des Friedrich-Paulsen-Gymnasiums in Niebüll studierte er in Kiel Anglistik, Philosophie und Friesische Philologie. Von 1987 bis 1994 war er Dramaturg am Ohnsorg-Theater. Heute arbeitet er als freier Autor in Hamburg.

Quellenverzeichnis

INGEBORG ANDRESEN »Niß Prozesser« *aus:* Ingeborg Andresen »Hinter Deich und Dünen«, Anthos Verlag Rosemarie Kronacher, Witzwort 1987.

JOHANN CHRISTOPH BIERNATZKI »Wattennebel« *aus:* Johann Christoph Biernatzki »Die Hallig oder: Die Schiffbrüchigen auf dem Eiland in der Nordsee«, Verlag Philipp Reclam jun., Leipzig o. J.

JENS JACOB ESCHELS »Auf Walfang nach Grönland« *aus:* Jens Jacob Eschels »Lebensbeschreibung eines alten Seemanns«, Georg Westermann Verlag, Hamburg 1928.

UWE HERMS »Auf Eiderstedt« *aus:* Uwe Herms »Das Haus auf Eiderstedt«, C. Bertelsmann Verlag, München 1985 – *Die Rechte* liegen bei Uwe Herms.

JAMES KRÜSS »Die Geschichte von Jan Janssen und der schönen Lady Violet« *aus:* James Krüss »Mein Urgroßvater, die Helden und ich«, © Verlag Friedrich Oetinger, Hamburg 1967

DETLEV VON LILIENCRON »Auf der Marschinsel« *aus:* Detlev von Liliencron »Gesammelte Werke« Band 7, Verlag Schuster und Loeffler, Berlin 1912.

HINRICH MATTHIESEN »Leuchtzeichen« *aus:* Hinrich Matthiesen »Mein Sylt – Ein Lesebuch«, Verlag Dr. Dietmar Straube GmbH, Erlangen 1990.

ALBERT PETERSEN »Die große Flut von 1634« *aus:* Albert Petersen »Arnold Amsinck«, Hanseatische Verlagsanstalt, Hamburg 1924.

FELIX SCHMEISSER »Friesische Gesichte« *aus:* Felix Schmeißer »Friesische Gesichte«, Friesen-Verlag A. D. Heine, Wilhelmshaven 1921.

THEODOR STORM »Eisboseln« *aus:* Theodor Storm »Sämtliche Werke – Novellen / Kleine Prosa« (Auszug aus »Der Schimmelreiter«), Aufbau-Verlag, Berlin und Weimar 1986.